아가야, 놀자

KINON NO ASOBI 142
by NAKAGAWA Nobuko

Copyright ⓒ 2004 NAKAGAWA Nobuko
All rights reserved.

Originally published in Japan by SHOGAKUKAN INC., Tokyo.
Korean translation rights arranged with SHOGAKUKAN INC., Japan
through THE SAKAI AGENCY and BOM AGENCY CO..

이 책의 한국어판 저작권은 봄 에이전시를 통한 저작권자와의 독점계약으로 도서출판 들녘에 있습니다. 저작권법에 의해 한국 내에서 보호받는 저작물이므로 무단전재와 복제를 금합니다.

아가야, 놀자

ⓒ 들녘 2005

초판1쇄 발행일 · 2005년 10월 20일
초판2쇄 발행일 · 2007년 11월 9일

감　　수 · 나카가와 노부코
옮긴이 · 지세현
펴낸이 · 이정원

펴　낸　곳 · 도서출판 들녘
등록일자 · 1987년 12월 12일
등록번호 · 10-156

주소 · 경기도 파주시 교하읍 문발리 파주출판단지 513-9
전화 · 마케팅 031-955-7374　편집 031-955-7381
팩시밀리 · 031-955-7393
홈페이지 · www.ddd21.co.kr

값은 뒤표지에 있습니다. 잘못된 책은 구입하신 곳에서 바꿔드립니다.
ISBN 89-7527-502-7 (04590)

아가야, 놀자
단계별 기본놀이 142

나카가와 노부코 감수 / 지세현 옮김

들녘

| 감수의 글 |

강요할 필요는 없지만 더 재미있게 할 수 있다

아기와 재미있는 놀이를 하고 싶지만, 그러기가 쉽지 않다. 장난감을 주어도 빨기만 하고 그림책은 아직 보지 못한다.

아기가 얼굴을 보고 방긋 웃어주면 기쁜 나머지 같이 놀아보려고 하지만 이것 역시 '놀이'라고 할 수 없다. 결국 마음만 급해지고 어떻게 해야 좋을지 모른다. 주위에는 이렇듯 어쩔줄 몰라 하는 엄마, 아빠들이 태반이다.

이 책은 아기를 키우는 엄마, 아빠들이 '아니, 놀이라는 게 이렇게 간단한 거야? 그럼 누구나 할 수 있잖아!'라는 생각이 들도록 자신감을 심어주고, '이런 놀이도 있었어? 어디 한번 해볼까!' 하는 마음이 들도록 '놀이'의 레퍼토리를 늘려주기 위해 만든 책이다.

놀이는 아기의 성장에 따라 소개했지만, 아기들도 각각의 개성이 아주 다르기 때문에 좋아하는 놀이 역시 다를 수 있다는 점을 염두에 두어야 한다.

아기가 좋아하는 놀이를 찾아내기 위해 처음부터 차례대로 해보아도 좋고 널리 알려진 놀이를 여러 번 반복해도 괜찮다. 아기들은 여기에 나온 놀이를 좋아하고 흥미진진해하며 관심을 보일 것이다.

놀이는 아기 연구를 위한 보물 창고

수많은 학자들은 아기들에게 놀이가 어떤 의미인지 연구를 거듭하고 있지만 여전히 모든 것은 밝혀지지 않았다. 놀이에 대한 정의는 학자마다 다르지만, 공통적으로는 '인간과의 관계'로 볼 수 있다.

• 혼자 하는 놀이

갓난아기가 '응애응애' 울면서 손발을 버둥거리거나 양손을 잡는 것은 아주 훌륭한 놀이다. 이것은 아기 스스로 몸의 위치와 관계를 인식하는 무의식적인 놀이다. 걸음마가 익숙해질 즈음 소파 한쪽 구석에 종이를 구겨 넣는 장난도 마찬가지다. 이는 자기 몸의 힘을 조절하는 놀이다. 아기가 조금 더 자랐을 때, 블록 놀이에 빠져들어 아무리 불러도 듣지를 못하는 것도 놀이다.

혼자 하는 놀이는 아주 중요한 놀이의 하나며, '자아'를 형성하는 놀이다.

• 함께 하는 놀이

어른이 자신의 몸을 이용해 아기와 서로 교감을 느끼는 놀이도 있다. '상대가 있는 놀이'라고도 할 수 있다.

그런데 이것은 사실 누구나 무의식적으로 하고 있는 놀이다. 예를 들어, 기저귀를 갈아주었을 때 아기가 기분 좋아하면 '시원하지!' 하면서 다리를 쭉 펴주는 것들이다. 즉, '다리 펴주기 놀이'라고 할 수 있다.

이런 놀이는 굳이 장난감을 사용하지 않고도 할 수 있다. 어른들의 간단한 동작만으로도 아이를 기분 좋게 만들어 줄 수 있으며, 곧 자연스럽게 다른 놀이로 이어진다.

이 책에서는 언급하지 않았지만 어린 형제들끼리의 놀이나, 한두 살짜리 어린 아기들이 서로를 밀치거나 쿡쿡 찌르는 행동도 같이 하는 놀이의 한 형태다. 살을 비비는 행동도 마찬가지다.

• 상대방과 물건을 가지고 하는 놀이

어른이 아기에게 '숟가락 좀 줄래'라고 한 후 직접 '네, 여기 있어요'라며 웃으며 받아주는 시늉을 한다. 이처럼 어른과 아기 사이에 물건이 매개가 되는 놀이다. 어른과 아기와 물건이 하는 놀이, 즉 '셋이서 하는 놀이'라고 할 수 있다.

'물건을 안 줄 거야' 하는 표정으로 등 뒤로 감출 수도 있고, 미니카와 블록, 소꿉장난 놀이 등으로 적용 범위를 다양하게 넓힐 수도 있다.

• 여러 사람이 함께 하는 단체 놀이

세 명 이상이 하는 놀이를 말한다. 사람 수가 많아지면 자연히 규칙과 순서가 필요하게 된다. 대개 3세 정도가 되면 이런 놀이가 가능해진다.

다른 사람과의 관계 속에서 아이와 놀이가 함께 발전한다

아기의 발육과 성장에 따라 놀이 역시 자연스럽게 발전한다. 매일 아기를 돌보고 물건을 다루며 생활하는 사이에 놀이의 수도 늘어나며 더 발전하게 된다는 뜻이다.

사실 놀이 방법의 설계도는 아기의 머릿속에 들어 있기 때문에 어른들은 아기가 가리키는 대로 따라 하면 된다. 아기가 웃으며 즐거워하고 오래도록 응시하며 좀 더 해달라는 듯한 눈길을 보내거나 '또 해주세요'라고 요구하면 그에 응해주면 그만이다.

'엄마 없다, 엄마 없다' 놀이를 하루 종일 할 수도 있다. '말 타기 놀이'로 허리가 아플 수도 있다. 하지만 아기들이 '놀아요! 놀아요!'라고 요구하는 순간들을 소중하게 여겨야 한다. 아기를 위해 얼마나 많은 시간을 보냈는지에 따라 부모와 자식간의 정이 두터워지기 때문이다.

놀이 방법에도 연습과 노력이 필요하다

그냥 저 혼자만 노는 아기도 있고 익숙한 놀이만 반복하면서 새로운 놀이로 바꾸려고 하지 않는 아기도 있다. 놀이는 그저 놀이에 지나지 않기 때문에 부모가 조바심을 치며 잘하라고, 빨리 하라고 서두르거나 강요할 필요는 없다. 하지만 아기를 사랑하는 부모라면 지혜를 짜내 어떻게 하면 놀이를 더 재미있게 할 수 있는지 생각해볼 필요가 있다. 이 책에는 그에 대한 다양한 힌트가 담겨 있다.

차례

감수의 글 4
이 책의 사용 방법 12

1. 갓난아기예요   14

갓난아기 때 놀이

안고 흔들흔들 · 보고만 있어도 좋아요 16/ 자장자장 · 상쾌한 엉덩이 17/ 여기는 어디일까? 18/ 여기예요! · 엎드려서 영차 19/ 하나 둘 · 무슨 말이지? 20/ 딸랑딸랑 만져보자! 21/ 눈동자 22

성장이 느린 아기들을 위한 보조 놀이 23

2. 뒤집기 해요!   24

뒤집기 때 놀이

똑바로 안기 · 장난감은 어디 있지? 26/ 오뚝이 · 엄마, 없~다! 27/ 높이높이 · 무릎에서 흔들흔들 28/ 간질간질 · 딱딱 부딪힐 수 있나요? 29/ 딸랑딸랑 30/ 앉았다 누웠다 · 산책을 나가볼까요! 31/ 겨드랑이로 안기 · 그네 아래서 자장자장 32

성장이 느린 아기들을 위한 보조 놀이 33

3. 혼자 앉아요! 34

앉기 시작할 때 놀이

입으로 빨기 · 무엇이 나올까요! 36/ 구멍에 쏙 · 자, 주세요! 37/ 천 요람 · 흔들흔들 배 38/ 안녕, 빠이빠이 · 어, 어디 있지? 39/ 곤지곤지 잼잼 40/ 종이를 꾸깃꾸깃 · 상자 자동차 여행 41/ 손가락으로 간질간질 · 거꾸로 서기 42

성장이 느린 아기들을 위한 보조 놀이 43

4. 기어다녀요! 44

기어다닐 때 놀이

이리 온! 이리 온! · 기어다니며 술래잡기 46/ 스티커 붙이기 · 흔들흔들 손으로 잡고 가는 자동차 47/ 무동 태우기 · 올라가고 내려가기 48/ 물에서 첨벙첨벙 · 비행기 놀이 49/ 올라간 눈 내려간 눈 · 공 굴리기 50/ 기어서 빠져나가기 · 달그락달그락 51/ 모래에서 기어다니기 · 미끄럼틀 52

성장이 느린 아기들을 위한 보조 놀이 53

#칼럼-아기에게 그림책을 읽어줄 때는 54

5. 첫 걸음마를 떼어요! 56

첫 걸음마 때 놀이

걸음마 잘하네 · 동물 흉내내기 58/ 옷 입기 놀이 · 걸음마 걸음마 59/ 낙하 놀이 · 블록 쌓기 60/ 맛있는 빵 · 하늘에서 풀썩 61/ 스티커 놀이 · 터널 통과하기 62/ 흔들흔들 그네 63/ 말 놀이 · 나팔 뿌, 북은 둥둥 64

성장이 느린 아기들을 위한 보조 놀이 65

6. 1년 6개월 아기 66

1년 6개월 아기 놀이
그림 그리기 · 우리 집 68/ 빵빵 손으로 미는 자동차 · 영차, 힘내자! 69/ 소꿉놀이 70/ 멋지게 쌓았나요! · 쾅쾅 도장 찍기 71/ 슈욱 미끄럼틀 · 술래잡기 72/ 도깨비 놀이 73/ 과자가 구워졌나요? · 많이 많이 걷기 74

성장이 느린 아기들을 위한 보조 놀이 75

#칼럼-TV와 비디오는 어떻게 이용하나? 76

7. 두 살 아기 78

두 살 아기 놀이
도깨비다! · 끈 꿰기 80/ 가게 놀이 · 바깥 구경 81/ 데굴데굴 애벌레 · 서랍 정리 82/ 물감 놀이 · 기차놀이 83/ 진흙 놀이 · 애벌레 찾기 84/ 뚜벅뚜벅 계단 오르기 · 미끄럼틀 오르기 85/ 주먹 쥐고 냠냠 놀이 86

성장이 느린 아기들을 위한 보조 놀이 87

8. 2년 6개월 아기 88

2년 6개월 아기 놀이
여기에 쏙! · 악수하며 안녕! 90/ 구슬 꿰기 · 씨름 놀이 91/ 달리기 시합 · 한 발로 뛰기 92/ 폴짝 점프하기 · 풀밭에서 곤충 찾기 93/ 수염 할아버지 94/ 장보기 · 과일 칵테일 만들기 95/ 끝말잇기 놀이 · 악어 걸음 96

성장이 느린 아기들을 위한 보조 놀이 97

9. 어린아이-1단계 98

어린아이 – 1단계 놀이
싹뚝싹뚝 가위질 · 붙이기 놀이 100/ 싹이 났어요! 101/ 꼬마 요리사 · 공을 받아요 102/ 공을 차요 · 미끄럼 언덕 103/ 저쪽을 보세요! · 가위바위보 104

성장이 느린 아기들을 위한 보조 놀이 105

#칼럼 - 단체놀이에서 향상되는 것은? 106

10. 어린아이-2단계 108

어린아이 – 2단계 놀이
카드 놀이 · 색깔별 형태별로 모으기 110/ 공기 놀이 · 구슬치기 111/ 팽이 놀이 · 나막신 놀이 112/ 줄넘기 · 다리씨름 113/ 풍선배구 · 연속 뛰기와 두 발 뛰기 114

성장이 느린 아기들을 위한 보조 놀이 115

11. 어린아이-3단계 116

어린아이 – 3단계 놀이
탐험 놀이 · 단어 놀이 118/ 공작 놀이 · 실뜨기, 종이 접기 119/ 말 타기 · 알까기 120/ 트럼프 · 줄넘기 121/ 목수 놀이 · 자전거 타기 122

성장이 느린 아기들을 위한 보조 놀이 123

추천사 아이들은 놀이의 천재 124
　　　　아이는 놀이를 통해 성장한다 126

이 책의 사용 방법

 이 책은 0~3세, 유아와의 놀이를 중심으로 초등학교 입학 전 아이들과의 관계에 대해 정리했다. 아기와 아이들의 몸과 마음 그리고 언어 습득의 발달 과정에 맞춰 그 시기를 11단계로 나누어, 단계별로 구체적인 놀이를 소개했다.

 아기의 경우 뒤집기, 앉기, 기어다니기, 걸음마 등의 변화를 기준으로 혼자서 걸을 수 있는 시기부터 유치원에 다니기 전까지는 반 년마다, 그 이후로는 1년씩 나누었다.

 소개하고 있는 놀이는 반드시 그 시기에만 해야 하는 것은 아니다. 갓난아기 때의 놀이라도 세 살짜리 어린아이도 즐길 수 있다. 대략적인 기준에 따라 구분했기 때문이다. 아기의 자세 발달과 나이에 따른 부분만 읽지 말고 다른 부분들도 찬찬히 읽어보면서 '이런 놀이도 좋아할지 모른다' '이제 이런 놀이도 가능할 거야'라고 생각하며 놀이를 해보자. 그리고 아이가 좋아하는 놀이는 연령에 관계없이 반복해서 즐기자.

· 각 시기의 첫 페이지

 아기의 자세 발달과 연령에 따라 11단계로 나눈 각 페이지의 첫머리에는 아기와 아이들의 최근 모습들을 정리해놓았다. 몸과 마음의 성장에 맞춰 어른들과의 상관관계에 대해서도 설명하고 있다.

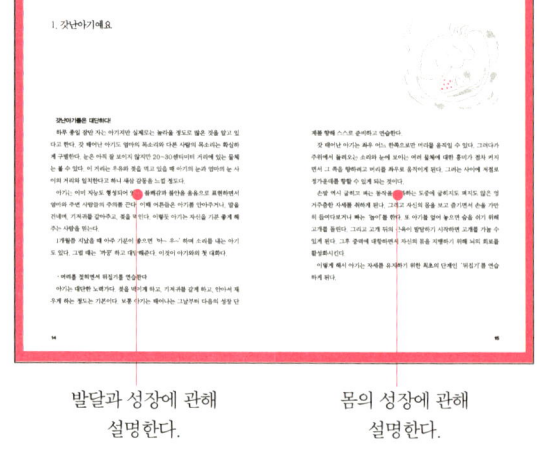

발달과 성장에 관해
설명한다.

몸의 성장에 관해
설명한다.

· 시기별 놀이

각 시기별로 권장하는 놀이를 소개하고 있다. 놀이 방법에 대한 설명과 그 놀이를 통해 아기들이 어떻게 성장해가는지 설명한다. 특징적인 놀이에는 표시를 해서 쉽게 찾을 수 있도록 했다.

♩ 아빠와 함께 하는 활동적인 놀이　☀ 밖에서 즐기는 놀이
♪ 노래를 부르면서 하는 놀이　♣ 아기의 자세 만들기 놀이

· 보조놀이

각 시기의 마지막 부분에 좀처럼 뒤집기를 못한다거나 앉지 못하는 등 발육이 늦은 아기들의 성장 특징을 정리해놓았다. 그리고 각 시기에 따라 성장을 도와주는 놀이를 소개하고 있다.

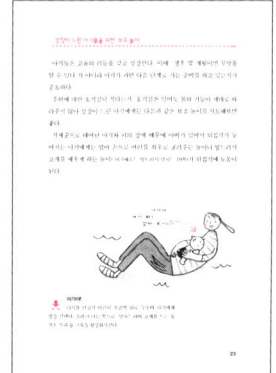

1. 갓난아기예요

갓난아기들은 대단하다!

하루 종일 잠만 자는 아기지만 실제로는 놀라울 정도로 많은 것을 알고 있다고 한다. 갓 태어난 아기도 엄마의 목소리와 다른 사람의 목소리는 확실하게 구별한다. 눈은 아직 잘 보이지 않지만 20~30센티미터 거리에 있는 물체는 볼 수 있다. 이 거리는 우유와 젖을 먹고 있을 때 아기의 눈과 엄마의 눈 사이의 거리와 일치한다고 하니 새삼 감동을 느낄 정도다.

아기는 이미 지능도 형성되어 있다. 불쾌감과 불안을 울음으로 표현하면서 엄마와 주변 사람들의 주의를 끈다. 이때 어른들은 아기를 안아주거나, 말을 건네며, 기저귀를 갈아주고, 젖을 먹인다. 이렇듯 아기는 자신을 기분 좋게 해주는 사람을 믿는다.

1개월쯤 지났을 때 아주 기분이 좋으면 '아~ 우~' 하며 소리를 내는 아기도 있다. 그럴 때는 '까꿍' 하고 대답해준다. 이것이 아기와의 첫 대화다.

- **머리를 젖히면서 뒤집기를 연습한다**

아기는 대단한 노력가다. 젖을 먹이게 하고, 기저귀를 갈게 하고, 안아서 재우게 하는 정도는 기본이다. 보통 아기는 태어나는 그날부터 다음의 성장

단계를 향해 스스로 준비하고 연습한다.

　갓 태어난 아기는 좌우 어느 한쪽으로만 머리를 움직일 수 있다. 그러다가 주위에서 들려오는 소리와 눈에 보이는 여러 물체에 대한 흥미가 점차 커지면서 그 쪽을 향하려고 머리를 좌우로 움직이게 된다. 그러는 사이에 저절로 정가운데를 향할 수 있게 되는 것이다.

　손발 역시 굽히고 펴는 동작을 반복하는 도중에 굽히지도 펴지도 않은 엉거주춤한 자세를 취하게 된다. 그리고 자신의 몸을 보고 즐기면서 손을 가만히 들여다보거나 빠는 '놀이'를 한다. 또 아기를 엎어 놓으면 숨을 쉬기 위해 고개를 돌린다. 그리고 고개 뒤의 근육이 발달하기 시작하면 고개를 가눌 수 있게 된다. 그후 중력에 대항하면서 자신의 몸을 지탱하기 위해 뇌의 회로를 활성화시킨다.

　이렇게 해서 아기는 자세를 유지하기 위한 최초의 단계인 '뒤집기'를 연습하게 된다.

갓난아기 때 놀이

안고 흔들흔들

아기가 떼를 쓸 때 엄마는 자주 아기를 안아줘야 한다. 엄마 품에 안겼을 때 몸의 방향과 위치가 변하는 것은 장차 아기가 몸의 자세를 유지하는 준비로 이어진다. 익숙한 엄마 목소리를 듣고 있으면 기분도 안정된다.

보고만 있어도 좋아요

젖을 먹이는 시간에 아기를 안고 눈과 눈을 마주보며 '맘마 맛있지!' '맘마 먹자!'라고 말해주자. 살이 맞닿으면 아기는 편안해지며, 엄마의 눈을 쳐다보는 것만으로도 신뢰 관계의 기초가 다져진다.

자장자장

♪ 안아서 조용히 흔들거나 배를 토닥토닥 하면서 자장가를 불러준다. 흔들림과 토닥토닥! 아기는 자극과 노래의 리듬을 동시에 느끼면서 멜로디를 익힌다. 느릿한 '흔들림'은 마음에 안정을 준다.

상쾌한 엉덩이

기저귀를 갈 때마다 여러 가지 말을 건네면서 손발을 굽혔다 폈다 해준다. 손발의 움직임이 아기의 뇌에 자극을 전달하여 자기 몸의 움직임을 파악할 수 있도록 만든다. 또한 손발을 부드럽게 움직여주면 기분이 좋아진다.

여기는 어디일까?

🎵 '뺨' '코' 등 소리를 내면서 볼과 코 등을 가볍게 콕콕 찍어 가리켜 보자. 간단한 멜로디를 붙여서 해보면 훨씬 재미있다. 그러면서 몸을 만져주면 아기는 몸 어디에 무엇이 있는지 알게 된다.

자연스럽게 몸의 한 부분을 가리키면서 '볼' '코' 등의 말을 해주는 놀이다. 노래를 부르면서 흥겹게 해주면 아기가 즐거워한다.

① 여기는 아빠의 얼굴

오른쪽 볼을 가리키며

② 여기는 엄마의 얼굴

왼쪽 볼을 가리키며

③ 여기는 할아버지 얼굴

이마를 가리키며

④ 동글동글

얼굴 주위를 손바닥으로 두 번 쓰다듬으며

⑤ 간질간질

겨드랑이를 간질이며 '여기는 할머니 얼굴' 하면서 볼을 가리키거나 '여기는 누나 얼굴' 하면서 코를 가리킨다.

여기예요!

고개를 자유롭게 움직일 수 있도록 아기를 눕히고 딸랑이를 눈에서 20~30센티미터 정도 떨어뜨린 다음 좌우로 천천히 흔들어보자. 머리가 파묻히는 베개는 고개의 자유로운 움직임을 방해하기 때문에 사용하지 않는 편이 좋다. 초점이 맞는 거리에서 딸랑이를 따라 고개를 좌우로 움직이는 놀이는 뒤집기로 이어진다.

엎드려서 영차

바닥에 담요 한두 장을 깔고 아기를 엎드려 눕힌다. 아기는 스스로 고개를 좌우로 하여 고개 뒤의 근육을 움직이기 시작하며, 고개를 들거나 뒤집기를 시도해본다. 아기에게서 눈을 떼지 말고 한동안 그대로 지켜보자.

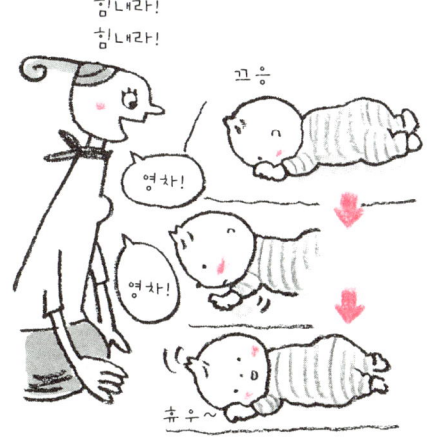

하나 둘

🎵 기저귀를 갈면서 하는 놀이다. 그림처럼 '하나, 둘, 셋' 노래를 하면서 점점 엉덩이로 가까이 다가가 마지막에 '엉덩이 엉덩이~' 하면서 엉덩이를 간질인다. 그러면 아기는 기분이 좋아져 기대감을 갖고 기다리게 된다.

① 머리를 누른다.　② 어깨에 손을 올려놓는다.　③ 허리를 잡는다.

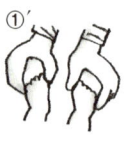  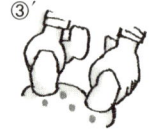

①' 발가락을 가지런히 모으고 발끝을 잡는다.　②' 발목을 잡는다.　③' 무릎을 잡는다.

④ 엉덩이를 간질인다.

무슨 말이지?

기분이 좋을 때 아기가 '아~우~' 등의 소리를 내면 '까꿍' 하면서 대답해준다. 아기는 되돌아온 소리를 듣고 자기가 무슨 말을 했다는 것을 알아차린다. 이는 곧 대화의 즐거움을 알게 되는 중요한 출발점이다.

딸랑딸랑 만져보자!

침대 난간처럼 아기의 손이 닿을 수 있는 위치에, 만지면 소리가 나는 방울을 달아놓는다. 만지면 소리가 난다는 원인과 결과는 아직 모르지만 소리가 들리는 때와 들리지 않는 때를 구분할 수 있게 된다. 처음에는 자신의 손발이 바둥거리는 것에 따라 소리가 들리는 것에 놀라지만, 곧 그것은 아기가 어깨와 손의 움직임을 느끼는 계기가 된다.

또한 소리가 날 때 '아, 좋은 소리네!' 하며 말을 걸어주면 대화를 나누는 방법을 배우게 된다.

헝겊으로 만든 딸랑이를 리본에 묶어 침대 난간에 걸어놓는다.

천장에 매달 때는 아기가 잡아당겨도 떨어지지 않게 단단히 고정시킨다.

이불 위에 있는 아기에게는 천장에서부터 길게 내려오게 달아준다.

눈동자

① 눈동자를 돌리고

눈 주위를 문지르며

② 콧등을 건너

코 위를 문지르며

③ 꼭꼭 집어

콧구멍을 잡으며

④ 연못을 돌아

입 주위를 문지르며

⑤ 아, 이제 깨끗해졌다!

얼굴 전체를 문지른다

♪ 목욕하면서 아기의 얼굴을 씻어줄 때 하는 놀이다. 노래를 부르며 젖은 거즈로 눈 주위와 콧등, 입 주위를 깨끗이 닦아준다.

아기가 목욕에 익숙해지기 전까지는 아기와 부모 모두 긴장한다. 특히 얼굴을 닦아줄 때 유난히 싫어하는 아기도 있다.

하지만 재미있는 노래와 함께라면 기분도 좋아진다. 노래에 익숙해지면 얼굴을 닦는 것도 즐거운 일이 된다.

말을 건네거나 노래를 불러주며 즐거운 목욕시간을 만들어보자. 함께 목욕할 때도 해보자.

성장이 느린 아기들을 위한 보조 놀이

아기들은 고유의 리듬을 갖고 성장한다. 이때 '생후 몇 개월이면 무엇을 할 수 있다'가 아니라 아기가 과연 다음 단계로 가는 준비를 하고 있는지가 중요하다.

주위에 대한 호기심이 적다든가, 호기심은 있어도 몸의 기능이 제대로 따라주지 않아 성장이 느린 아기에게는 다음과 같은 보조 놀이를 시도해보면 좋다.

저체중으로 태어난 아기와 뇌의 장애 때문에 마비가 있어서 뒤집기가 늦어지는 아기에게는 엄마 손으로 머리를 좌우로 굴려주는 놀이나 엎드려서 고개를 세우게 하는 놀이('여기예요!' '엎드려서 영차!', 19쪽)가 뒤집기에 도움이 된다.

아가야!
아기를 안고서 어른이 조금씩 뒤로 누우며 아기에게 말을 건넨다. 소리가 나는 쪽으로 '영차!' 하며 고개를 드는 동작은 목과 등 근육을 활성화시킨다.

2. 뒤집기 해요!

표정이 풍부해지며 엄마를 부르기 시작한다

고개를 생각대로 움직일 수 있게 되면 주위를 둘러볼 수 있게 된다. 소리 나는 쪽과 물체가 보이는 쪽을 향하거나, 흥미를 끄는 물건을 유심히 바라보거나, 움직이는 물체를 따라 시선을 옮기는 행동도 자연스러워진다.

이 시기에는 엄마, 아빠에게도 즐거운 변화가 일어난다. 그것은 바로 아기의 웃는 얼굴과 웃음소리를 보고 들을 수 있다는 점이다. 아기는 즐겁고 기쁜 마음을 표정과 소리로 표현한다. 부모는 아기의 웃는 얼굴과 웃음소리가 즐거워 안아주고 말을 건네면서 이 손 저 손으로 간지럼을 태우기도 한다. 이런 자극이 아기의 눈과 귀와 몸을 통해 뇌로 전달되어 아기의 뇌가 점차 발달하게 되는 것이다.

아기는 태어날 때부터 어른들의 관심을 이끌어내는 방법을 터득하고 있다. 울음소리, 칭얼거리는 소리, 배가 고플 때 약간 화난 듯한 울음소리 등 다양한 신호로 욕구를 표현한다. 안아주면 바동거리며 좋아한다. 아기가 내는 여러 가지 소리에 정성껏 대답해주는 일이 아기의 성장에 가장 좋은 자극이 된다.

• 자신의 몸을 느끼고 뒤척인다

　고개가 안정되고 몸을 똑바로 가눌 수 있게 되면 아기는 자신의 몸을 느끼며 몸으로 놀이를 시작한다. 먼저 손을 바라보다가 빨고, 발을 지각하고, 엉덩이를 들어올려 발로도 놀이를 한다.

　발을 높이 들고 허리를 들어올리면 중심이 높아져 옆으로 뒹굴기가 쉬워진다. 반대로 엎드리면 고개를 들고 무릎으로 몸을 지탱하여 몸을 활처럼 만들어 주위를 둘러볼 수 있다.

　천장을 바라보며 발로 놀던 아기가 어느 순간 옆으로 뒹굴고 그 자세를 바로하려고 바동거리다가 눈깜짝할 사이에 '뒤집기'를 한다. 뒤집기가 가능해진 아기는 드디어 최초로 자신의 힘만으로 이동할 수 있게 된다. 그리고 자신이 원할 때 엎드려서 무릎으로 몸을 지탱하고 주위를 둘러볼 수도 있다.

　그러한 시선 변화가 '저게 뭐지?'라는 호기심을 유발시키며 '저것을 갖고 싶다, 좋아, 가지러 가자!'처럼 이동하려는 도전 정신으로 연결된다.

뒤집기 때 놀이

똑바로 안기

아기를 바로 안아서 걷거나 가볍게 흔들어 보자. 아기가 스스로 균형을 잡으며 바로 선 자세를 유지하려는 사이에 몸의 근육과 그것을 제어하는 뇌의 기능이 발달한다. 또한 시야가 넓어져 두 눈으로 물체를 보며, 자기가 보고 싶은 방향을 볼 수 있는 힘도 생긴다.

장난감은 어디 있지?

아기를 엎드려놓고 눈앞에 장난감을 놓아둔다. 장난감에 호기심을 느낀 아기는 눈으로 거리의 초점을 맞추려고 스스로 고개를 든다. 이 행동은 등의 근육을 키워주는 연습이 된다. 그리고 혼자 앉을 수 있는 단계로 연결된다.

오뚝이

엎드린 아기가 고개를 들면 볼 수 있도록, 손이 닿을 수 있는 거리에 오뚝이를 놓아둔다. 흥미를 끄는 물건을 보고 만지는 '손과 눈의 동시 반응'을 유도하는 놀이다. 손이 닿자마자 신기한 소리가 나면 아기는 기뻐서 또다시 하고 싶은 충동을 느낀다.

· ·

엄마, 없~다!

'엄마, 없~다!'의 리듬과 소리를 다양하게 바꾸면서 아기가 주시할 수 있도록 연습해보자. '엄마'라는 소리는 아기가 가장 발음하기 쉽고 기억하기 쉬운 소리다. 아기는 친근한 얼굴이 사라졌다가 다시 나타나는 현상에 약간 놀라워하면서도 몹시 즐거워한다.

아기의 흥미를 끌지 못하면 바로 그만둔다.

높이높이

아기의 모습을 잘 살펴보면서 힘 조절을 해야 한다. 아기가 몸에 힘을 주거나 무서워하면 '싫다'는 뜻이다. 아기의 몸을 위아래로 움직이는 동작은 자세를 유지하는 감각을 키워준다.

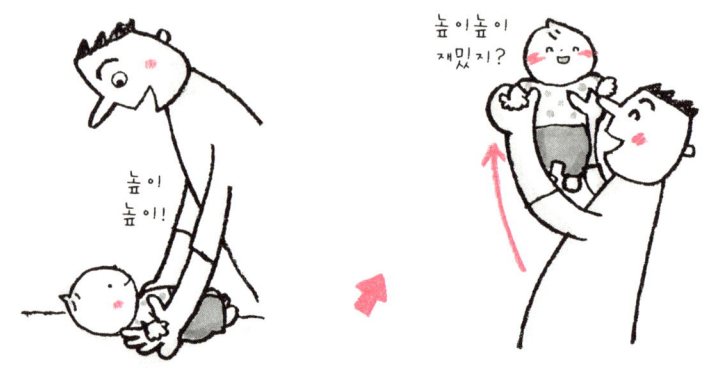

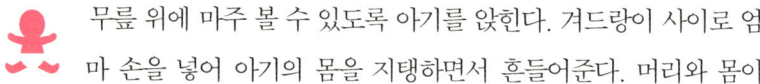

무릎에서 흔들흔들

무릎 위에 마주 볼 수 있도록 아기를 앉힌다. 겨드랑이 사이로 엄마 손을 넣어 아기의 몸을 지탱하면서 흔들어준다. 머리와 몸이 기울어질 때 원래 상태로 되돌리려는 움직임은 앉는 자세의 기초가 된다. 아기가 균형을 잡는 것에 익숙해지면 팔과 손을 자유롭게 움직이기 쉬워진다. 이 놀이에서 엄마는 아기의 몸을 단단히 지탱해주어야만 한다. 아직 아기가 균형을 잡지 못하므로 한시도 눈을 떼지 말자.

간질간질

손바닥과 목, 겨드랑이, 배, 발바닥 등 간질이고 싶은 곳을 찾아 '간질간질' 간질인다.

촉감을 느낀 아기는 자신의 신체 위치를 의식하면서 스스로 몸을 움직이는 힘을 기르게 된다. 친숙한 사람과 같이 웃으면 기분이 좋아진다.

딱딱 부딪힐 수 있나요?

나무 토막과 블록 등을 양손에 들고 눈앞에서 부딪혀보는 놀이다. 팔을 지탱하고 딱딱 부딪히기를 하면 자연스럽게 상반신이 안정된다. 또한 몸의 중심선상에서 장난감을 맞추기 위해 양손을 조정해 움직이는 동작은 근육을 발달시키며 오른쪽 뇌와 왼쪽 뇌를 동시에 발달시킨다.

방울과 딸랑이 등 소리가 나는 장난감을 흔들며 놀이를 한다. 그림처럼 아기가 쉽게 쥘 수 있도록 직접 만들어주면 더욱 좋다. 엄마가 음악에 맞춰 흔들어주는 것도 좋다.

소리를 내기 위해서는 '흔들기'를 해야 한다는 인과관계를 아직 이해하지 못하지만, 아기는 흔들면 소리가 난다는 사실을 이해하면서 점점 몸의 움직임이 활발해진다.

'딱딱' '딸랑딸랑' 등의 의성어는 반복할수록 친숙해진다. 아기의 움직임에 맞춰 소리를 내보자.

앉았다 누웠다

 누워 있는 아기의 양손을 잡고 천천히 일으켜 세우다가 눕히는 동작을 반복해보자. 아기는 고개를 뒤로 젖히지 않으려고 자연스레 목과 몸 전체에 힘을 주는데, 그 동작이 몸을 뒤척이거나 앉는 자세로 발전한다. 아기에게 무리가 가지 않도록 어른은 서서히 움직여야 한다.

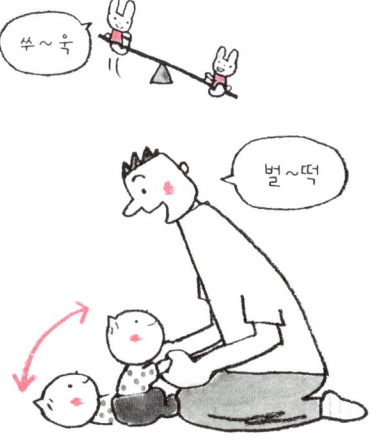

산책을 나가볼까요!

 이제부터는 슬슬 바깥 공기를 즐길 때다. 아기를 유모차에 태우거나 안고 쇼핑이나 산책을 나가보자. 아기의 시야가 넓어져 익숙지 않은 물체가 보이거나 처음 듣는 소리가 나면 즉시 호기심을 보인다. 유모차의 흔들림과 가속도도 건강한 몸을 만드는 데 도움이 된다.

겨드랑이로 안기

아기가 누워 있거나 엎드린 상태에서 양쪽 겨드랑이를 잡고 몸을 들어올린다. 아기는 본능적으로 몸의 균형을 잡기 위해 온몸에 힘을 주고 고개를 든다. 천장을 보고 누워 있을 경우에는 복부 근육에, 엎드려 있을 경우에는 등 근육에 힘이 들어가기 때문에 자세를 유지하는 힘이 길러진다.

그네 아래서 자장자장

아기의 손이 닿는 곳에 아기용 그네를 놓아준다. 만지면 소리가 나기도 하고 거울도 달려 있어서 아기는 호기심을 느낀다. 집중해서 놀고 있을 때는 조용히 지켜보기만 하다가 이따금씩 '아름다운 소리네'라고 말을 건네본다. 아기는 자신이 원하는 물건을 만지는 동작에 점점 익숙해진다.

성장이 느린 아기들을 위한 보조 놀이

목을 단단히 지탱하고 뒤집기를 할 수 있는 몸의 기능을 길러주기 위한 보조 동작은 크게 두 가지로 나뉜다.

첫째, 신체 부위에 대한 인지를 도와주는 것이다. 발끝에 방울처럼 소리가 나는 물건을 달아주어 발이 움직일 때마다 들리는 소리로 발에 대한 흥미를 불러일으킨다.

둘째, 엎드려놓아 몸을 지탱하는 자세를 도와준다. '이런 자세도 있다'고 체험하도록 하는 보조 동작('날아갑니다~', 아래 그림)이 효과적이다. 이렇게 해서 아기가 익숙하게 자세를 잡을 수 있게 되면 '장난감은 어디 있지?' '오뚝이'(26~27쪽) 등의 놀이로 연결해보자. 등 근육이 발달하면서 뇌의 회로가 활성화되어 뒤집기와 앉기로 발전한다.

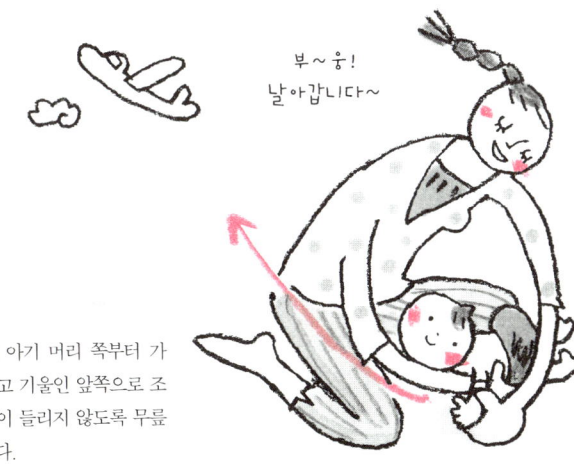

날아갑니다~
엎드린 상태에서 아기 머리 쪽부터 가슴 쪽으로 손을 넣어 지탱하고 기울인 앞쪽으로 조금씩 들어올린다. 가슴이 같이 들리지 않도록 무릎 쪽을 조금 누르고 해줘야 한다.

3. 혼자 앉아요!

손으로, 소리로, 의사를 표현하고 놀이를 즐긴다

뒤집기 동작을 익힌 아기의 호기심은 주변 세계로 점차 범위를 넓힌다. 그리고 자신이 흥미를 느낀 물체 쪽으로 손을 뻗는다. 이 동작은 물건을 잡는 것뿐 아니라 손을 뻗어 잡을 수 없는 물건을 주위의 어른들에게 집어달라고 하는 의사표현으로 나타난다.

아기가 내는 소리도 점차 다양해진다. 이유식을 먹기 시작하기 때문에 혀와 입술, 볼 등 발음에 필요한 기관의 움직임이 활발해지는 것과 관계가 있다. 아기는 여러 가지 소리로 엄마를 부르면서 다양한 감정을 전달한다.

자신의 소리 뒤에 상대방의 소리를 기다리는 '사이(틈)'를 두는 것도 가능하며 대화를 즐기기 시작한다. '아가가' '우꿍' 등 아기의 소리를 흉내내거나 '맞다, 맛있지' 등의 대답을 해주면 아기는 점점 대화를 즐기게 된다.

• 앉기 위한 연습을 여러 번 반복한다

엎드린 자세에서 갖고 싶은 물건을 향해 손을 뻗는 아기의 동작을 자세히 관찰해보자. 아기는 반대편 무릎 쪽에 중심을 이동하고 뻗은 손과 같은 쪽의 다리를 조금 앞으로 내밀어 균형을 잡고 있다. 누구에게 배우지도 않았는데 아기는 이러한 고도의 동작을 몸에 익히고 있다.

이 자세에서 뻗은 손으로 바닥을 짚으면 상반신을 일으킬 수 있다. 다음에 무릎으로 지탱하고 있던 쪽의 손이 바닥을 짚으면 완전히 일어서게 되는 것이다. 아직은 바닥에 손을 짚은 상태의 '기대 앉기' 동작이지만 장난감을 잡고 싶고 놀이를 하고 싶은 마음에 손으로 지탱하고 있던 체중을 엉덩이로 이동시켜 몸의 비틀어짐을 막으면 이것이 바로 '앉기'가 된다.

앉기 시작할 무렵 바닥에서 손을 떼면 흔들흔들 금방이라도 쓰러질 듯한 자세가 된다. 하지만 이 '흔들거림'을 통해 아기는 균형 잡는 힘을 기르게 된다. 주위에 푹신한 쿠션을 놓아둬야 넘어졌을 때 위험하지 않다. 아기는 불안하게 흔들리면서도 앉아서 장난감을 가지고 놀고 싶어한다.

머지않아 앉는 자세가 안정되면 양손으로 여러 가지 물건을 가지고 놀이를 할 수 있다.

'자, 여기 있네!' 하면서 장난감을 건네주면 방긋 웃으며 놀이를 즐기는 시기가 다가온다.

앉기 시작할 때 놀이

입으로 빨기

아기에게는 청결하고 안전한 장난감을 주어야 한다. 아기는 장난감을 바라보거나 입으로 빠는 놀이를 즐긴다.

이것은 '손 빨기'에서 한 단계 올라간 놀이로, 아기는 점차 눈으로 본 물체의 크기와 입과의 거리를 판단하고 조정한다. '빨기'로 입의 기능이 향상되어 음식을 먹거나 발음을 하는 데 커다란 도움이 된다.

무엇이 나올까요!

손수건과 끈을 잡아당겨 여는 놀이를 해보자. 아기는 호기심에 이끌려 앉아 있는 자세를 유지한다. 잡아당겨 여는 놀이로 눈과 손의 동시 동작이 향상된다. 언뜻 보면 어지르는 놀이처럼 보이지만 아기는 금세 '넣고' '모으는' 놀이로 흥미를 옮긴다.

구멍에 쏙

손에 쥔 물건을 원하는 곳에 넣는 놀이다. 손을 의식적으로 펴는 동작으로 눈과 손을 동시에 조절하는 힘이 길러진다. 넣어서 소리가 나거나 물건이 보이지 않게 되면 신기함을 느껴 놀이를 더 하고 싶어 한다. 구멍을 동그라미와 사각으로 변화를 주거나 크기를 달리하면 형태와 크기에 대한 인식 놀이로 발전한다.

가장자리에 비닐 테이프를 붙인다.

자, 주세요!

장난감이나 주변의 물건을 아기에게 주고, 받는 놀이를 해보자. 자연스럽게 인사말이 오가며 순서를 기다리는 재미를 느낄 수 있다. 상대를 향해 손을 뻗거나, 물건에서 손을 떼어 물건을 건네는 등 몇 가지 동작을 자유롭게 할 수 있게 된다.

천 요람

어른 두 명이 커다란 천의 양 끝을 붙잡고 그 위에 아기를 올려놓은 다음 좌우로 천천히 흔들어준다. 흔들거림은 균형 감각을 길러준다.

'흔들흔들' 등의 소리로 마음을 안정시키고 몸에 힘을 빼게 하여 편안하게 해준다. 단, 아기의 표정이나 반응을 보면서 흔들거림의 정도를 조절한다.

흔들흔들 배

무릎 위에 아기를 앉혀 두 발을 바닥에 대고 무릎으로 지탱한 다음 아기에게 말을 건네며 전후좌우로 흔들어준다. 등을 곧게 펴주어 몸이 기울어져도 바로 균형을 잡을 수 있는 놀이로, 안정감 있게 앉는 자세에 도움이 된다. 차츰 몸이 안정되면 엄마는 아기의 겨드랑이를 느슨하게 잡아준다.

안녕, 빠이빠이

인형을 사용해서 '안녕!' '빠이빠이' 등의 인사 놀이를 해보자. 자주 사용하는 인사말을 반복하는 놀이다. 서로 말을 하는 것이 즐거워 이 놀이를 반복하면 아기는 어느새 인사할 때의 동작을 흉내낼 수 있게 된다.

어, 어디 있지?

가지고 놀던 장난감을 아기의 눈앞에서 엄마의 손 안에 감춘다. 아기는 손을 뻗어 엄마의 손을 펴려고 한다. 능동적이고 자발적인 손동작을 이끌어내는 놀이다. 보이지 않게 되어도 없어진 것이 아니라는 '물체의 영속성에 대한 이해'에도 도움이 된다.

곤지곤지 잼잼

🎵 아기를 무릎에 앉히고 손으로 하는 놀이다. 아기가 조금 크면 노래에 맞춰 스스로 하는 놀이도 가능해진다. 반복이 많아 아기가 쉽게 기억할 수 있는 노래 놀이다.

손바닥을 몸 앞에서 맞부딪히기도 하고 손목을 90도 회전시켜 입에 갖다대기도 하는 등 균형 잡힌 다양한 손동작이다. '잼잼'으로 끝나면 아기는 또 하고 싶은 기분이 든다. 그리고 놀이를 계속하고 싶다는 뜻을 상대에게 전하려는 마음이 '말'로 발전되는 것이다.

① 짝짝

얼굴 앞에서 손을 마주친다.

② 아바바

손을 입에 가져간다.

③ 구리구리

손을 돌린다.

④ 곤지곤지

한 손으로 다른 손바닥을 찍는다.

⑤ 도리도리

손으로 머리를 가리킨다.

⑥ 무릎 탁!

한 손으로 무릎을 친다.

종이를 꾸깃꾸깃

 종이를 동그랗게 뭉치거나 찢어서 팔랑팔랑 날려보자. 손과 손가락의 다양한 움직임을 이끌어낼 수 있다. 꾸깃꾸깃, 북북 등의 의성어와 의태어를 들려주면 종이를 찢거나 구길 때마다 소리가 난다는 사실을 알게 된다. 바닥에 커다란 천을 펼쳐놓고 하면 놀이 후에 정리하기도 쉽다.

상자 자동차 여행

 빈 상자 안에 아기를 넣고 어른이 '붕붕' 소리를 내며 앞에서 끌기도 하고 뒤에서 밀기도 한다. '움직임' '정지' '가속도' 등을 통해서 자기 몸의 방향과 중력, 몸의 관계 등을 느끼게 된다. 엄마와 아빠는 아기가 재미를 느끼는 속도와 거리를 가늠하면서 놀이를 한다.

손가락으로 간질간질

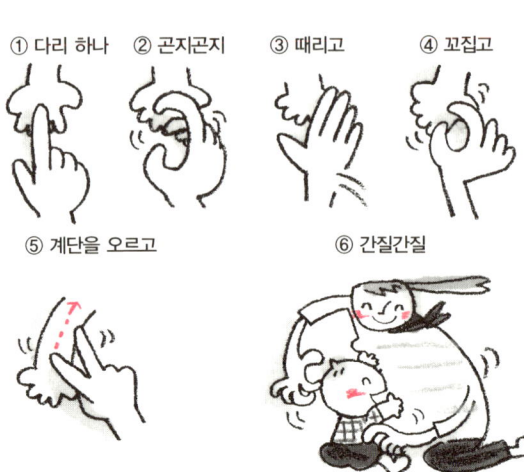

손부터 살금살금 간질이다가 마지막에는 목뒤를 간질간질 간질이는 놀이를 해 보자. 도중에 손등을 뒤집거나 간질이는 곳을 다양하게 바꾸면서 논다. 아기가 '간질이는 정도'를 미리 예측하는 것은 대단히 중요하다.

① 다리 하나   ② 곤지곤지   ③ 때리고   ④ 꼬집고
⑤ 계단을 오르고   ⑥ 간질간질

거꾸로 서기

엎드린 자세에 있는 아기 발목을 잡고 거꾸로 세운다. 아기는 거꾸로 선 상태에서 본 세상을 재미있어하면서 스릴을 즐기고, 몸에 힘을 뺀 채 편안하게 있는 감각도 습득한다. 몸을 이용한 동적인 놀이를 좋아하는 아기들이 대부분이지만, 만약 무서워한다면 그만두도록 하자.

간다~   거꾸로!!   흔들흔들

성장이 느린 아기들을 위한 보조 놀이

앉는 것이 가능해지려면 누운 상태에서 뒤집기를 해서 엎드린 다음 자신의 팔로 몸을 지탱하고 상반신을 일으키는 자세 변화가 필요하다.

그다지 몸을 움직이지 않으려고 하는 아기에게는 누운 자세에서 발로 놀이를 해주거나 엉덩이를 올리는 동작을 도와준다. 중심을 높이 해서 몸이 옆으로 넘어가는 과정을 반복시키면 넘어진 몸을 바로 하려는 움직임 속에서 뒤집기가 가능해진다. 또한 몸을 지탱하고 앉게 해서 흔들흔들 흔들리는 몸을 원래 상태로 되돌리려는 놀이('흔들흔들 배', 38쪽)도 혼자 앉는 힘을 길러준다.

딸랑딸랑 풀썩!
아기의 손발을 모아서 잡고 좌우로 흔들흔들 흔들며 마지막에 풀썩 옆으로 넘어뜨린다. '딸랑딸랑'에서 흔들고 '풀썩' 넘어뜨릴 때 리듬을 맞추면 재미있는 놀이가 된다.

4. 기어다녀요!

기분과 말을 공유할 수 있다

이 시기의 아기는 말에 어떤 의미가 있다는 것과 자신의 기분을 말로 전달할 수 있다는 사실을 알게 된다. 하지만 아직 의미 있는 말로 자신의 뜻을 전달하지는 못한다. 그래서 '아, 아' 소리를 내고 손을 내밀어 자신의 뜻을 표현하려고 한다.

아기가 '아!' 하고 손을 내밀어 가리키는 물건을 함께 보면서 '그래, 아가야!' 하고 응답해준다. '이 그릇이 갖고 싶니? 자, 여기 있다'라고 말하며 그릇을 가까이 대준다. 이와 같이 별것 아닌 행동에서 소통의 싹이 돋아난다.

또한 '맛있네!'라면서 그릇을 만지는 시늉을 하면 아기도 똑같이 흉내를 낸다. 어른들의 행동을 흉내낼 수 있게 되는 시기다. 어른들은 아기의 새로운 행동 하나하나에 푹 빠져서 '해보세요!'를 연발하며 요구하지만, 원칙은 '아기가 흥미를 느끼는 대상에 어른들이 뒤따라가주는 것'이다. 아기와 함께 같은 것을 보고 기분과 말을 공유하는 일이 아기의 생각과 말을 모두 성장시킨다.

• 앉기 자세에서 기는 자세로

앉아서 놀 수 있게 된 아기의 세계에는 엄청난 변화가 온다. 양손을 자유롭게 쓸 수 있는 것은 물론 시선이 높아짐에 따라 시야도 넓어지기 때문이다.

손으로 좋아하는 물건을 만지거나 떨어뜨리기도 하고 빨기도 하는 등 탐색의 즐거움을 알게 된 아기에게는 먼 곳에 있는 물건과 손이 닿지 않는 곳에 있는 물체들은 신기하게 보인다. 그리고 그 호기심은 아기가 최선을 다해 자신의 몸을 움직이게 하는 원동력이다.

그 예가 엎드려서 중심을 한쪽 무릎에 두고 팔을 움직이려는 자세다. 뻗은 팔과 앞으로 나간 무릎에 중심을 옮기고 반대쪽 팔을 뻗고 무릎을 앞으로 내미는 동작을 자유로이 반복하면 기어다닐 수 있다.

또 다른 예는, 엎드린 자세에서 앉는 자세로 옮기는 과정에서 옆으로 앉는 것이다. 이 자세에서 양손과 무릎으로 중심을 옮기면 기는 동작이 된다. 이 동작에서 익힌 중심이동과, 옆으로 앉기에서 익힌 기는 자세, 이 두 가지가 합해지면 네 발로 이동하기, 즉 '기어다니기'가 가능해진다.

기어다니려는 아기의 의욕을 북돋우기 위해서는 방 안이 잘 정돈된 것보다는 만지고 놀 수 있는 여러 가지 물건들이 어지럽게 널려 있는 편이 훨씬 좋다.

기어다닐 때 놀이

이리 온! 이리 온!

아기에게서 조금 떨어져 앉아 아기의 눈높이보다 조금 높은 위치에서 장난감을 흔들며 '이리 온!' 하고 불러본다.

아기의 시선을 눈높이보다 조금 높은 곳으로 올려주면 보다 안정감 있는 기어다니기 자세가 된다. 그러면 아기는 점차 몸을 지탱하는 팔 힘이 강해지며 세밀한 손가락 동작도 가능해진다.

기어다니며 술래잡기

어른도 같이 기어다니며 술래잡기를 해보자. 이 놀이는 도망치기, 쫓아가기, 속이기, 앞지르기 등으로 발전할 수 있다. 많이 기어다니면 점점 상반신이 안정된다. 그리고 도망치고 쫓아가는 놀이에서 '따라오기를 기대하며 도망치는' 상호적인 놀이로 발전한다.

스티커 붙이기

아기의 몸에 스티커를 붙여주고 아기 스스로 떼어내는 놀이를 해보자. 살갗에 무엇인가가 닿는 느낌을 통해 아기는 자신의 몸을 인식하게 된다. 또한 손가락 동작을 세밀하게 조절하는 연습도 할 수 있다. 익숙해지면 손은 닿지만 보기 어려운 부위인 어깨, 허리, 목 등에도 붙여준다.

아기가 스티커를 입에 넣거나 먹지 않도록 주의한다. 가려움증이 있거나 아토피 피부라면 하지 않는다.

흔들흔들 손으로 잡고 가는 자동차

아기의 손을 어깨 너비로 벌린다. 아기의 손목 위에 어깨가 바로 오도록 몸을 수평으로 해보자. 아기의 적응 상태를 보면서 지탱하는 부분을 바꾸고 몸을 흔들어준다. 머리를 올리고 등을 펴는 자세는 일어서는 기초 동작이다. 손바닥으로 체중을 지탱하는 동작은 손가락의 기능을 향상시킨다.

머리를 앞으로 향하게 하고 손가락이 펴져있도록 하는 것이 중요하다. 아기를 지탱하는 위치는 어깨 아래→가슴 아래→엉덩이→허벅지 순이다.

무동 태우기

아기를 어른의 어깨에 앉히고 손을 잡거나 머리를 붙잡게 해서 떨어지지 않도록 한다. 높은 위치에서 균형을 잡아야 하는 긴장감으로 흥분이 되는 놀이다. 아기 스스로 붙잡는 능력이 향상된다. 거울 앞에서 아기의 표정을 보며 미소를 건네주면 감정 교류가 이루어진다.

올라가고 내려가기

두꺼운 요 아래에 둥글게 수건을 말아넣은 뒤, 아기가 기어서 넘어갈 수 있게 한다. 평지뿐만 아니라 넘어갈 장애물이 있는 곳이나 둔덕과 경사를 기어서 넘어가는 연습을 통해 아기는 몸의 사용법을 알게 된다.

물에서 첨벙첨벙

 더운 계절에는 정원이나 베란다에 간이용 풀이나 대야를 이용해 물놀이를 해보자. 너무 오랫동안 햇빛을 받지 않도록 주의해야 하며 아기에게서 눈을 떼지 않아야 한다. 아기는 물을 피부 전체로 느낀다. 겁이 많은 아기도 어른이 함께 놀아주면 물을 무서워하지 않게 된다.

비행기 놀이

 어른이 바닥에 누워 발바닥 위에 아기를 엎드린 자세로 올려놓고 비행기 놀이를 해보자. 이렇게 중력을 이기며 머리를 위로 들어 등을 펴는 자세 만들기는 '서기' 자세로 발전된다. 다만 아기의 손을 꼭 붙잡아주어야 한다는 것을 잊지 말자.

'조금 무서워도 믿을 수 있는 어른이라면 편안하다'는 마음이 아기에게 생긴다.

올라간 눈 내려간 눈

노래를 부르며 눈 끝을 올리거나 내리거나 고양이 눈을 하면서 이상한 얼굴을 만들어보는 재미있는 놀이다. 어른이 먼저 직접 해보거나 거울로 아기의 눈을 보여주면서 해도 재미있다. 익숙해지면 아기가 직접 할 수 있고 상대방과 같은 얼굴을 만드는 놀이에 재미를 느낀다.

① 올라간 눈
② 내려간 눈
③ 빙글빙글 돌리고
④ 앗, 고양이 눈!

공 굴리기

다리를 벌리고 마주 앉아 서로에게 공을 굴렸다 다시 붙잡는 것을 반복하는 놀이다. 아기가 제대로 잡을 수 있도록 어른은 힘을 조절해야만 한다. 공을 굴리는 동작과 굴러온 공을 붙잡는 동작으로 손가락의 기능이 향상된다. 아기는 이렇게 상대방과 같이 하는 놀이를 즐겁게 느낀다.

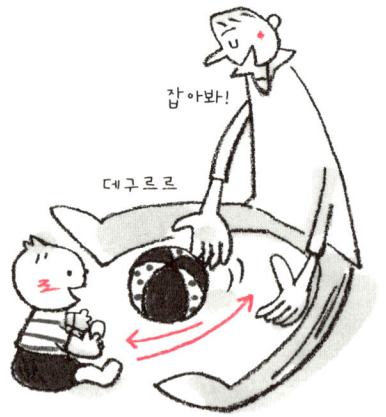

기어서 빠져나가기

방에 걸어놓은 이불 밑과 책상 밑, 상자 터널 등을 기어나가는 놀이다. 아기는 이런 곳을 기어나가면서 자기 몸의 크기를 인식하며 자아 이미지를 형상화한다. 셔츠를 입거나 바지를 벗는 행동도 몸을 사용해보는 체험이다.

달그락달그락

구멍이 있는 상자에 메달이나 나무 조각 등을 넣어보자. 아기는 금세 크기와 형태에 따라 어떤 구멍에 들어갈 수 있는지를 알게 된다. 눈으로 보고 형태에 맞춰 손을 움직이는 사이 눈과 손의 동시 동작이 이루어진다. 조각이 통 안에 '달그락' 하고 떨어지는 소리가 재미있어서 아기는 자기 혼자 오래도록 이 놀이를 반복하고 싶어 한다.

준비: 우유통, 플라스틱 뚜껑 등에 각각 크기가 다른 구멍을 뚫는다. 구멍 가장자리는 날카롭지 않게 다듬는다. 안전을 위해 이 작업은 아기가 없는 곳에서 해야 한다.

모래에서 기어다니기

 공원의 모래밭과 잔디밭 등을 기어보게 하자. 잔디의 느낌과 차가운 모래의 촉감 등 다양한 감촉을 체험할 수 있다. 둔덕과 경사면을 기어가면 몸의 균형 감각이 고루 발달해 '서는' 동작에 도움이 된다.

미끄럼틀

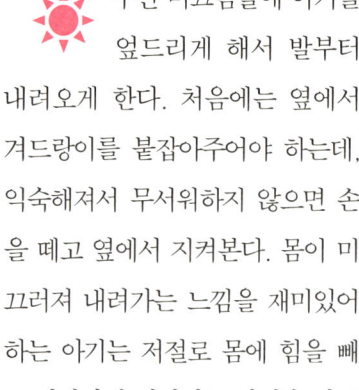 우선 미끄럼틀에 아기를 엎드리게 해서 발부터 내려오게 한다. 처음에는 옆에서 겨드랑이를 붙잡아주어야 하는데, 익숙해져서 무서워하지 않으면 손을 떼고 옆에서 지켜본다. 몸이 미끄러져 내려가는 느낌을 재미있어하는 아기는 저절로 몸에 힘을 빼고 편안하게 내려가는 방법을 터득한다.

성장이 느린 아기들을 위한 보조 놀이

팔 힘이 약해서 네 발로 기는 동작이 쉽지 않은 아기들도 있다. 이런 아기들은 앉은 상태에서 손으로 밀어 몸을 뒤로 가게 하거나 이마로 몸을 지탱하면서 앞으로 기는 등 조금 변칙적인 동작으로 기어가기도 한다.

아기는 자신이 갖고 있는 힘을 이용해 움직이려고 시도하는 것으로, 이러한 행동도 시간이 지나면서 점차 사라져 결국 일어서게 된다. 하지만 뒹굴었을 때 재빨리 손으로 잡아주는 보호기능(낙하산 반사)이 없으면 생각지도 못한 사고를 당할 수 있다. 손을 앞으로 내밀어 몸을 지탱하는 동작을 도와주어야 아기는 네 발로 길 수 있다.

어쿠! 위험하다!
아기를 뒤에서 안아 가슴을 꼭 붙들고 앞으로 기울인다. 무서워하지 않게, 순간적으로 손을 앞으로 뻗을 수 있을 정도만!

칼럼
아기에게 그림책을 읽어줄 때는

'그림책 읽어주기'라고 하면 대부분의 어른들은 조금쯤 꾸며서 읽어주어야 한다는 부담감을 느낀다. 그러나 그렇지 않다. 그림책은 아기와 어른의 마음이 소통하는 매개체, 즉 장난감의 일종으로 생각하면 된다.

벌레를 싫어하는 아이에게 장수풍뎅이 장난감을 주고 놀게 하는 사람은 없다. 이와 마찬가지로 그림책 역시 아기가 싫어하는 것, 재미없어하는 것이 아니라 아기가 흥미를 갖고 즐겁게 집중할 수 있는 것을 선택하는 일이 가장 중요하다. 아기가 흥미를 갖고 즐겁게 집중하는 책은 어른 역시 잘 읽어줄 수 있다. 들으려고 하지 않는 청중에게 말하는 것처럼 재미없는 일은 없으니까.

어른은 교육적이거나 평가가 좋은 책들을 선택하지만 아기들은 반드시 그런 그림책만 재미있어하지 않는다. 아기들은 은행에서 무료로 나눠준 간단한 그림책에 집중을 하거나 아기용 잡지에 나오는 리드미컬한 단어들을 특별히 좋아하기도 한다.

어른은 보통의 대화보다는 약간 느린 속도와 정확한 발음으로 책을 읽어주어야 한다. 책은 장난감의 일종이기 때문에 무리하게 강요할 필요는 없다.

순서대로 읽어야 한다거나, 시작하면 끝까지 전부 읽어주어야 한다는 규칙은 없다. 아기의 기분은 생각지도 않고 규칙을 정한다면 아예 책을 싫어하는 아이로 만들 수 있다. 아기가 책장을 이리저리 넘길 때 나온 쪽의 그림과 글만 읽어줘도 좋다.

다 읽은 책을 아기가 다시 읽어달라고 요구해서 끊임없이 읽어주는 경우도 있다. 수차례 똑같은 말과 그림을 반복해서 보는 일이 확실한 기억과 이해에 도움이 되기 때문에 아기는 계속 듣고 싶어 하는 것이다. 가능하면 아기의 요구에 따라주는 것이 좋다.

아기가 마음에 들어 하는 책을 너덜너덜해질 때까지 읽어주면 아기는 행복해한다. 책이 닳은 만큼 아기의 마음은 풍족해지고 넉넉해진다.

부모가 계속해서 아기의 책을 선택하면 자칫 편중될 수 있다. 때로는 주변 사람들로부터도 책을 추천 받아보자. 보통 엄마가 선택을 하지만 아빠가 선택한 색다른 책을 더 좋아할 수도 있다.

무릎에 앉고 싶어 하는 아기는 무릎에 앉히고, 침대에 누워서 듣고 싶어 하는 아기는 침대에 눕히고, 엄마의 옷자락을 붙잡고 듣고 싶어 하는 아기는 그런 자세에서 책을 읽어준다. 책 속에 나오는 그림을 짚어가며 읽어주기를 원하는 아기에게는 '정말!' '그래!'라고 맞장구를 쳐주자.

자세가 어떻든 책을 읽어줄 때의 즐거운 기분과 좋아하는 사람과 함께 있는 편안한 분위기, 흥분되는 이야기 속의 세계가 추억이 된다면 이는 최고의 방법이다.

나카가와 노부코

5. 첫 걸음마를 떼어요!

사물을 알기는 하지만 말은 아직 못한다

머리를 제대로 가누지도 못했던 아기가 자신이 가고 싶은 곳으로 가고 아무것이나 입에 넣으며 놀이를 한다. 부모 입장에서는 잠시도 눈을 뗄 수 없었던 시간들을 생각해보면 감격스럽기 그지없다.

지적인 발달도 놀랍다. 아기는 이미 간단한 말 정도는 알아들으며 자신의 기분과 의사를 전달한다. '이리 온'이라고 하면 '싫다'고 고개를 흔들기도 하고, 냉장고 문을 두드리며 엄마를 볼 때, '주스?'라고 물으면 기쁜 표정을 지으며 대화를 시도한다. 이는 벌써 아기의 머릿속에 많은 단어가 축적되었음을 의미한다.

'말을 한다'라고 하면 보통은 '엄마' 또는 '멍멍' 등과 같이 발음하는 것으로 생각하기 쉽지만, 몸 동작이나 '아, 아'라고 소리내는 것 모두 상대에게 의사를 전달하는 수단이므로 넓은 의미에서는 그것도 '말'이다.

그리고 간단한 표현으로 의사를 전달했는데도 상대에게 그 뜻이 전달되었다는 기쁨이 아기에게는 '조금 더 표현하고 싶다'는 의욕으로 이어진다. 어른은 아기의 뜻을 받아주면서 아기가 알아들을 수 있는 간단한 단어로 천천히 발음해주는 게 좋다.

• 첫 걸음마는 어느 날 갑자기 찾아온다

　기어다니는 것에 익숙해진 아기는 테이블 위에도 호기심을 느낀다. 손을 그 위에 올려놓고 한쪽 무릎으로 중심을 이동하며 발을 짚고, 다시 발쪽으로 중심을 이동하면서 일어선다.

　붙잡고 서는 동작과 붙잡고 걷기는 중심이동의 응용이다. 기어다니기와 붙잡고 걷기를 동시에 하는 아기들도 많이 있다. 그러나 '혼자 걷기'는 그리 쉽지 않다. 발뒤꿈치라는 좁은 면적으로 몸을 지탱하면서 그 발들을 교대로 내디뎌야 하기 때문이다. 아기에게 엄청난 긴장감과 불안을 유발할 수 있는 동작이다. 아기의 첫 걸음마는 무엇인가에 몰입해서 '자신도 모르게' 하는 경우가 많다.

　어느 날 갑자기 아기가 내딛은 첫 걸음을 보고 엄마, 아빠는 감격해서 아기를 끌어안는다. 두세 걸음을 걷고 엄마의 가슴에 안기면서 짓는 아기의 만족스러운 표정이야말로 아기가 '혼자 걸으려는' 이유일지도 모른다.

첫 걸음마 때 놀이

걸음마 잘하네

'하나 둘' '걸음마 잘하네' 등의 말을 건네며 아기의 손을 붙잡고 걸어보자. 아기의 속도에 맞추면서 아기의 몸이 질질 끌려오지 않도록 주의한다. 지금까지는 왼쪽, 오른쪽으로의 중심이동이었지만 앞뒤로 중심이동도 시도하며 선 자세에서 몸의 균형 잡기를 연습해본다.

동물 흉내내기

'강아지가 멍멍' '코끼리가 하품을 해요, 아함!' 등 동물처럼 움직이면서 소리를 흉내내보자. 걷는 시기이므로 다시 네 발로 기어보는 것이 오히려 신선할 수도 있다. 엄마의 소리를 아기가 흉내내면 '재미있네' '목소리가 크네'라고 대꾸해줄 때 행복한 마음의 교류가 이루어진다.

옷 입기 놀이

아기를 마주보고 안은 채 어른 옷의 지퍼를 올렸다 내렸다 하기를 반복하게 해보자. 개월 수가 늘어감에 따라 커다란 단추를 끼우거나 빼는 놀이도
해본다. 손가락 끝의 움직임이 빨라지며 눈과 손의 기능이 동시에 작용한다. 만져보면서 크기와 감촉을 확인하는 체험을 통해서 손가락 기능이 향상된다.

● ●

걸음마 걸음마

  아기와 함께 자갈밭, 진흙길, 잔디밭 등을 걸어보자. 선 상태에서 몸의 균형감각을 익히며 전후좌우의 중심이동도 자연스러워진다. 차츰 제대로 걸을 수 있는 준비가 이루어진다. 특히 야외로 나가면 시야도 넓어지고 흥미도 높아진다.

낙하 놀이

무릎을 세운 상태에서 아기를 무릎 위에 올려놓았다가 기합 소리와 함께 재빠르게 무릎을 펴 아기의 몸이 이동하도록 만든다. 거리와 낙하속도를 조절해도 아기가 싫증을 느 끼면 그만둔다. 아기가 높은 곳에서 낙하하면서 상하의 위치 변화를 체험하게 되어 균형감각이 길러진다. 또한 아기는 놀이의 반복을 통해 낙하를 기다리는 동안 앞으로 일어날 일을 예측하는 능력도 향상된다.

블록 쌓기

쌓은 블록을 무너뜨리는 놀이를 해보자. 또 놀이터에 나가 모래언덕 부수는 놀이도 즐겨보자. 손으로 쌓았 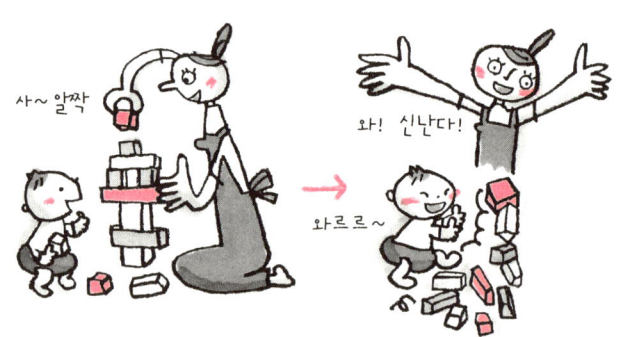다가 소리를 내며 부수는 과정이 아기에게 즐거움을 주며, 또한 높은 것이 낮아지는 모양을 보고 아기가 높낮이의 개념을 어렴풋하게나마 짐작하게 된다.

맛있는 빵

엄마는 버터와 잼을 바르는 흉내를 내면서 노래를 지어 부른다. 버터를 바르는 위치를 아기의 손이나 발, 볼, 코 등으로 바꿔서 할 수도 있다. 그러면 다양한 동작이 저절로 이루어진다. 아기는 앞으로 일어날 일을 기대하며 마지막에 냠냠하는 동작이 재미있어서 자꾸 반복하기를 원한다.

① 버터를 바르고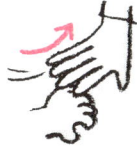
② 잼을 바르고
③ 맛있는 빵이다!
④ 냠냠

하늘에서 풀썩

어른이 똑바로 누워서 아기의 팔과 등을 붙잡고 발바닥으로 아기를 지탱한다. 아기를 좌우로 흔들거나 기울이면서 마지막에는 발을 벌려 배 위로 풀썩 떨어뜨린다. 하늘에 떠 있는 상태에서 자세를 균형있게 유지하는 동작을 통해 근력과 균형감각이 길러진다.

스티커 놀이

커다란 물고기나 나무를 그린 그림에 둥근 스티커를 붙이면서 비늘과 나무 열매 고르는 놀이를 한다. 아기가 스티커를 판에서 골라낼 때 관찰력이 길러지며 눈과 손의 동시 동작도 향상된다. 그리고 엄지와 검지손가락을 사용해 물건을 쥐는 일도 가능해진다.

터널 통과하기

어른이 무릎 사이로 얼굴을 내밀고 아기에게 '이리 온' 하고 불러본다. 구부리는 동작을 재미있어 하는 아기는 '걸음마'를 한다. 어른은 아기가 다리에 부딪히지 않도록 몸을 깊이 구부려야 하는데, 아기에게는 자기 몸의 크기를 아는 이미지 훈련이 된다. 아기가 걷고 있는 방향을 바꾸려고 하지 않을 때도 활용할 수 있는 효과적인 놀이다.

흔들흔들 그네

무릎 위에 아기를 앉히고 같이 그네를 탄다. 시야가 이리저리 변하는 것을 체험할 수 있고, 계속 흔들리는 자극으로 뇌 기능이 향상된다. 기분 좋게 흔들리는 움직임과, 좋아하는 사람 무릎 위에 앉아 있다는 느낌은 편안함으로 이어진다.

말 놀이

네 발로 기는 자세에서 아기를 등에 태워 '따그닥 따그닥' 하면서 기어다닌다. 일부러 좌우로 흔들고 속도를 빠르게 하며 '히힝' 하고 상체를 올려도 본다. 아기가 아빠의 등에서 떨어지지 않으려고 손으로 꼭 붙잡고 균형을 잡는 사이에 근력이 강화된다.

나팔 뿌, 북은 둥둥

불거나 두드리면 바로 소리가 나는 장난감 악기를 이용해 놀이를 한다. 소리가 나는 것이 재미있어서 계속 놀이를 하고 싶어 한다. 움직임에 따라 반응이 생기는 체험을 통해 도구를 가지고 놀이를 하는 계기가 된다. 노래와 음악에 무리하게 맞출 필요는 없다.

성장이 느린 아기들을 위한 보조 놀이

아기에게 혼자 걷기는 상당한 용기와 약간의 '우연'이 필요한 동작이다. 좀처럼 걸으려고 하지 않는다고 부모가 안달이 나서 아기를 일으켜 세우고 잡았던 손을 놓기도 하지만 아기는 그 자리에 털썩 주저앉아 버린다. 제발, 서두르지 말고 아기 생각대로 기어다니게 내버려두자. 기는 동작은 걷기에 필요한 등 근육을 똑바로 펴는 자세를 만드는 데 유용하다.

기어다니기로 자신의 몸 크기와 윤곽을 익히는 놀이('기어서 빠져나오기', 51쪽)를 많이 하는 것이 급하게 일어서게 하는 것보다 더 효과적이다. 그리고 운동기능 발달에 도움이 된다.

기어다니는 동작이 제대로 되면 붙잡고 일어서기와 붙잡고 걷기가 쉬워진다. 바로 그 상태에서 아기가 원하는 대로 놀이를 해보자.

서서 놀자
아기의 배 높이 정도의 탁자에 좋아하는 장난감을 준비해 놓고 탁자에 지탱한 채 놀이를 하게 한다. 놀이에 몰두하면 붙잡고 걷거나 배로 몸을 지탱하고 양손으로 놀이를 한다. 그러면서 아기는 우연히 설 수 있게 된다.

6. 1년 6개월 아기

개성이 나타나며, 창조적인 놀이를 시작한다

이때부터는 혼자 걷기도 안정되고 개성도 나타나기 시작한다. 겁쟁이, 무서움을 모르는 아이, 고집이 센 아이, 울보 등. 아기는 이때 핵심이 되는 '기질'을 가지며 여기에 환경이라는 요인이 더해져 성격이 형성되면서 분명한 개성이 나타난다. 부모도 '이러해야 한다'라는 획일적인 기준을 세우지 말고 아기에게 맞는 대응을 해야 한다.

'발육'에도 개인차가 크게 나타나는 시기다. 말 배우기의 경우, 빠른 아기와 늦은 아기 사이에 2년 정도의 차이가 발생할 수 있다. 일반적으로 1년 6개월쯤이면 의미 있는 단어를 몇 가지 구사할 수 있다. 배운 말을 곧바로 사용하는 아기는 계속 새로운 말을 구사한다. 반면 입을 잘 열지 않는 아기는 좀처럼 말이 늘지 않는다.

아기가 말하는 모습을 빨리 보고 싶은 부모는 안절부절못하지만, 부모는 아기에게 맞출 필요가 있다. 어른은 아기가 관심을 갖는 것에 함께 시선을 주며 느긋하게 기다려야 한다.

- **대담하게 걷고 손가락 동작은 섬세해진다**

　아기가 걸어서 돌아다니게 되면 운동기능의 발달은 일단락 지어진다. 하지만 아기의 도전 정신은 여전히 왕성하다. 평지 걷기가 가능해지면 장애물이 있는 길, 경사, 자갈길, 계단 등 걷기 힘든 곳을 의도적으로 찾아내 걷는다. 또 수직 방향에 대한 흥미도 생긴다. 구멍이 있으면 들어가고 의자가 있으면 올라타고 도랑이 보이면 철퍽 들어간다.

　이 시기는 생리적으로 끊임없이 움직이는 시점이다. 아기는 몹시 분주하다. 부모 입장에서는 다치지 않도록 아기 돌보는 일이 쉽지 않지만, 발달 과정으로 볼 때는 바람직하기 이를 데 없다.

　아기는 세밀한 동작에도 능숙해진다. 엄지와 검지로 작은 물건을 잡거나 블록을 두세 개 쌓는 일도 가능하다. 크레용과 색연필을 쥐어주면 종이에 낙서도 할 수 있다. 도구를 사용하기도 하고 블록으로 형태를 만들 수도 있는 이 시기의 아기는 이미 '창조적'인 세계에 발을 들여놓았다.

　이때부터는 눈앞에 없는 것들을 기억해내어 이미지화하고 무엇인가를 가공해 형태를 만드는 등, 참으로 비약적인 놀이를 선보인다.

1년 6개월 아기 놀이

그림 그리기

어른이 그린 그림을 색칠해보거나 커다란 종이를 펼쳐놓고 자유롭게 그림을 그리도록 한다. 그린 그림을 가지고 이야기를 나누는 일도 재미있다. 아기는 손과 어깨의 움직임에 따라 선이 그어진다는 것을 알게 된다.

어깨와 팔이 제대로 잘 움직이게 되면 손가락 끝도 세밀하게 움직인다.

어른이 그린 그림에 색칠도 한다.

우리 집

커다란 상자에 종이를 붙이고 창문이나 문을 만들어서 집 놀이를 하자. 아기는 자신의 몸이 어느 정도 크기인지를 알게 되면서 몸에 대한 이미지를 익힌다.

좁은 곳에 들어가면 아기는 '자신의 영역'에 있다는 안정감을 느낀다.

빵빵 손으로 미는 자동차

아기의 가슴과 배를 들어올리고 앞으로 나아간다. 손은 아기의 어깨 너비로 벌리고 몸은 바닥과 수평을 이루게 한다. 안정적으로 서 있기 위해서는 엎드려서 머리를 들고 등을 똑바로 펴는 자세가 가장 중요하다. 무리해서 앞으로 나아갈 필요는 없고 아기의 속도에 맞춘다.

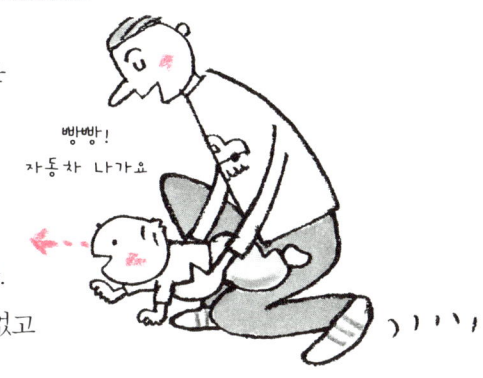

영차, 힘내자!

아기의 무릎을 높이 세우고 어른의 손을 잡게 한다. 처음에는 어른이 잡아 일으켜 주고 차차 아기가 스스로 일어나게 해본다. 배와 등 근육에 지속적으로 힘을 주는 동작이 안정적인 걸음마에 도움을 준다. 어른의 기합 소리는 격려가 된다.

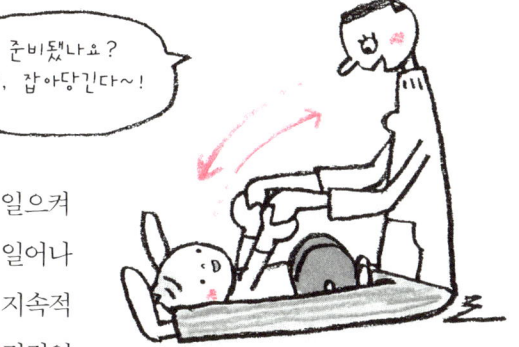

배 근육을 기르는 체조가 아니라 자세 만들기 놀이이기 때문에 동작을 천천히 해야 한다.

소꿉놀이

아기에게 인형을 주어 자장자장 재우거나, 장난감을 사용해 요리도 하면서 엄마 역할을 하는 놀이다. 소꿉놀이에는 다양한 손 움직임이 필요하기 때문에 손의 사용이 기능적으로 섬세해진다.

'모방'이 가능하다는 것은 '말'하는 능력이 향상됐다는 증거이며, '역할 놀이'를 통해 사회성이 길러진다. 다른 사람의 행동을 관찰하고 재현하기 위해서는 기억력이 필요하기 때문에 소꿉놀이가 가능하다는 것은 '기억력'이 좋아졌다는 의미도 된다.

멋지게 쌓았나요!

블록을 쌓는 놀이를 해보자. 아기가 블록을 다 쌓고 기뻐하는 순간에는 반드시 같이 즐거워해준다. 아래쪽 블록을 건드리지 않으면서 익숙하게 손의 위치와 힘 조절을 통해 조심스럽게 블록을 쌓으려고 애쓴다. 눈과 손의 동시 동작 연습에도 좋고, 세상을 입체적으로 보는 훈련에도 도움을 된다.

쿵쿵 도장 찍기

막대기 끝을 천으로 둥글게 감싸거나 오이와 가지 등의 야채를 잘라 도장을 만든다. 물감을 풀어 도장밥을 만든다. 아기는 물감 도장을 종이에 찍으며 논다. 어느 순간 스스로 힘 조절을 하게 된 아기는 도장이 찍히는 것을 주의 깊게 관찰한다. 아기는 하얀 종이 위에 여러 가지 형태로 생기는 모양을 보고 즐거워한다.

슈욱 미끄럼틀

정면으로 앉아서 미끄럼을 타게 하자. 그러나 강제로 미끄럼을 태우지는 말자. 부드럽게 격려를 해주면 아기는 용기를 낸다. 상체가 안정되면 자신이 원하는 속도에 맞춰 미끄럼을 탈 수 있고, 가속도의 자극을 느끼며 시야의 변화도 체험할 수 있다. 아기는 스스로 난간을 붙잡고 속도 조절도 할 수 있을 만큼 발전한다.

처음에는 누운 채로 발부터 내려오도록 하면서 점차 감각을 익히게 한다. 뒤로 넘어가 머리를 찧지 않도록 도와준다.

술래잡기

'찾는다!' '아~직!'이라는 규칙을 이해하기에는 조금 이를지 모르지만, 스스로 숨을 수는 있다. '보이지 않아도 사라진 것은 아니다'라는 점을 이해하게 된 아기는 '엄마 없다'라고 말해도 즐거워한다. 아기는 몸을 숨기는 놀이를 통해 몸의 이미지를 만든다.

도깨비 놀이

🎵 노래를 부르며 눈싸움을 해보자. '까꿍' 하면서 서로 이상한 얼굴 모양을 만들어 상대를 웃게 하는 놀이로, 먼저 웃는 사람이 지는 것으로 한다. '까꿍'은 얼굴 근육과 입 주변의 근육을 의도적으로 움직이게 하는 놀이다. 아기는 어른의 표정과 동작을 보고 흉내를 내면서 놀이에 대한 규칙을 조금씩 이해하게 된다.

'뿌―' 하고 볼을 부풀린 아기의 진지한 표정이 귀엽다. 어른이 '뿌―' 하면서 짓는 무섭고 이상한 얼굴에서 갑자기 '하하하' 하며 웃는 얼굴이 되면 아기는 안심한다. 표정의 급격한 변화를 즐길 수 있는 재미있는 놀이다.

① 도깨비
도깨비가 노려봅니다. 먼저 웃으면 지는 거예요~

② 뿌―

하하하, 엄마가 졌네~

과자가 구워졌나요?

두 손바닥을 위로 향하게 하고 한 사람이 '과자가 구워졌나요'라고 물으면서 순서대로 손바닥을 찌른다. '구'라는 글자에서 손바닥을 뒤집고 모두의 과자가 다 구워질 때까지 놀이를 한다. 손바닥을 뒤집는 동작은 숟가락과 젓가락 그리고 연필 등을 잘 다루기 위한 기초가 된다.

많이많이 걷기

자전거와 자동차, 유모차를 이용하지 않고 아기와 함께 천천히 걸으면서 공원이나 쇼핑을 가는 일도 즐거운 놀이다. 서둘러 다니다 보면 벌레와 꽃, 동물, 탈것 등이 그냥 스쳐 지나가기 때문에 아이가 특별히 무엇에 흥미를 갖는지 알기 힘들다. 그러므로 여러 가지 말을 건네면서 아기와 함께 천천히 걸어보자.

성장이 느린 아기들을 위한 보조 놀이

아기가 혼자 걸을 수 있게 되면 바깥에 나가 걸어본다. 보행이 아직 안정되지 않았으므로 야외에서는 걷기 편한 신발을 선택하는 것이 무엇보다 중요하다.

처음에는 부드럽고 가벼우며 발에 딱 맞는 신발이 좋다. 그런 신발은 맨발과 같은 착용감을 주기 때문에 좋다. 바깥에서 걷는 일이 익숙해지면 평평하고 넓은 곳뿐 아니라 둔덕과 경사, 튀어나온 곳도 걸어보자('걸음마 걸음마').

말을 좀처럼 하지 않는 아이에게는 자기도 모르게 탄성이 나올 수 있는 동적인 놀이를 시도해본다('비행기 놀이', 49쪽).

'어! 높다 높다' '부웅ー' '영차! 뿅' 등 다양한 의성어를 사용해서 말을 건넨다.

이불 위에서 간질간질!
이불 위에서 간지럼 놀이를 한다. 천의 감촉과 피부의 접촉에 익숙해지면서 몸을 움직이게 되고, 소리 내어 웃으면 뇌에 자극이 전달된다.

칼럼
TV와 비디오는 어떻게 이용하나?

최근 들어 소아과 의사, 보육원·유치원 선생님, 언어 전문가들은, 장애가 있다고 분명하게 단언할 수는 없지만 말이 늦는 아이, 다른 사람과 소통이 어려운 아이가 늘어가고 있다고 지적하며 그 원인이 TV와 비디오를 지나치게 보기 때문은 아닌가라는 우려를 표하고 있다.

어려서부터 TV를 장시간 시청한 아이가 7세 정도 되면 산만함이 극에 달한다는 조사 결과도 있다. 어른에게는 TV와 비디오가 너무나 일상적인 물건들이지만 아기가 볼 때는 상당히 주의를 기울여야 할 대상이다.

아기는 자신의 마음이 끌리는 곳에서 들은 말들을 배우게 된다. 하지만 TV와 비디오는 언제나 대단히 빠른 속도로 말을 던진다. '저게 뭐지?'라고 의문을 가져도 반복해서 그 말을 들려주지 않고 스쳐 지나가며, 그다지 알고 싶지 않은 말들도 들려준다. 아기는 알고 싶고 기억하고 싶어서 스스로 TV를 시청한다기보다는 단순히 보면서 흘려듣고 있다. 엄마와 아빠 역시 TV에 마음을 빼앗겨 아기에게 다정하게 말을 건네는 빈도가 줄어들 위험이 있다.

부모는 어린 아기의 듣는 방법에도 주의를 기울여야 한다. 2세가 되기 전의 아기는 듣는 능력이 매우 부족하기 때문에 한 번에 여러 가지 소리가 뒤섞

여 들리면 무슨 소리인지 알아들을 수 없다. TV를 켠 상태에서 모처럼 말을 건네도 아기의 귀에는 들리지 않을 수도 있다는 얘기다.

'아기는 보지 않기 때문에' 부모가 보고 싶은 프로그램만 보는 가정도 있지만 아기는 보고 있지 않아도 귀는 열려 있으므로, 복잡하게 뒤얽힌 소리는 아기의 귀로 들어가 아기를 혼란스럽게 만든다.

2004년 4월 소아과 의사들은 TV와 비디오를 볼 때의 주의사항을 공식적으로 발표했다. 그 내용을 보면,

1) 2세까지는 TV와 비디오 시청을 피한다.
2) 우유를 먹거나 식사를 할 때는 TV와 비디오를 끈다.
3) TV, 비디오, 라디오 등을 포함한 미디어와의 접촉은 하루에 두 시간 정도로 한다.

말을 배워서 TV와 비디오를 이해하고 즐길 수 있는 때가 되면 상관이 없다. 그러나 2세가 되기 전까지는 TV와 비디오 시청을 가급적 삼가고, 몸을 이용해서 엄마, 아빠와 함께 놀이를 즐겨야 한다.

나카가와 노부코

7. 두 살 아기

어른들의 세계를 동경하면서, 흉내내기 놀이를 한다

아기는 이미 '자신의 인생'을 걷기 시작했다. 아기는 '내가 한다!'라고 말하며 어른이 생각하기에는 할 수 없을 것 같은 일을 하고 싶어 한다. 할 수 없는데도 자기 주장을 굽히지 않고 화를 낸다. 부모는 아이가 도움을 요청할 때까지 기다려야 한다. 그 다음에 '어렵지! 엄마가 이쪽을 잡아줄 테니 해볼까. 어때? 잘되지! 대단하네'라는 식으로 인생 선배다운 여유를 보여주자.

이 시기의 아기는 어른들이 하는 일을 자세히 관찰한다. 그리고 똑같이 재현하면서 놀이를 즐기고 싶어 한다. 냄비, 프라이팬, 전화기, 지갑 등 어른들이 사용하는 도구를 사용하면서 훌륭하게 재현한다. '얘야, 제발 장난감 전화기를 사용하자!'라고 말하고 싶은 상황도 발생하지만 가능하면 '엄마 것' '아빠 것'을 자유롭게 사용하도록 놓아두는 게 좋다. 나아가 마른 빨래 걷어오기 등 실제로 도울 수 있는 일을 부탁하면 의기양양하게 즐거운 마음으로 도와준다.

사실 이러한 생활 체험이 언어에 대한 이해를 몰라볼 정도로 눈부시게 성장시킨다. 실생활에서 경험한 것이야말로 가장 쉽게 '몸에 배기' 때문이다.

소꿉놀이를 하면 '야채를 냄비에 넣고, 휘휘 저어서 접시에 담는' 것처럼 두 가지 이상의 일을 거의 동시에 하게 된다. 이런 놀이는 두 개의 단어 사이를 연결시키는 것과 같이 아기가 복합적으로 말하는 능력을 기르는 데 상당한 도움을 준다. 생활 속에서 '살아 있는 말'을 배우는 시기다.

• **생활 속에서 자립이 진행된다**

이미 아기의 신체는, 정교하게 만들어진 로봇도 하지 못하는 일을 쉽게 해낼 수 있도록 되어 있다. 흥미를 갖고 돌진하는 속도는 거의 달리기 수준이다.

손가락도 능숙하게 사용할 수 있게 되어 숟가락으로 밥을 먹으며, 옷을 입는 일은 아직 불가능하지만 바지를 벗는 정도는 가능해진다. 발육이 완성되지 않아 구르고 넘어지기도 하지만 지금까지 어른들이 해주던 일들을 스스로 할 수 있게 된다.

아기는 어른을 본보기로 삼고 스스로 할 수 있다고 믿으며, 실제로 해보는 과정에서 생활습관이 자연스럽게 몸에 밴다.

두 살 아기 놀이

도깨비다!

천을 뒤집어쓰고 도깨비가 되어 쫓는 놀이를 해보자. 잡히면 얼굴을 보여주고, 역할을 바꿔서도 해보자. 뒤쪽을 신경 쓰며 달리는 동안 몸의 균형을 잡는 능력이 향상된다. 아이는 엄마라고 알고 있지만 '무서운 도깨비'를 연상하며 놀이를 즐긴다.

끈 꿰기

동물의 형태로 자른 상자에 구멍을 뚫어 운동화 끈을 통과시키는 놀이를 해보자. 빨대를 잘게 잘라 끼워도 좋고, 상자 한쪽 면에 구멍을 뚫어 연결시키는 놀이도 가능하다. 점차 손의 움직임이 향상되어 섬세한 손가락 동작도 가능해진다.

끈이나 실, 상자, 단면 빨대
주의: 잘라낸 빨대의 끄트머리가 날카롭지 않도록 주의한다! 운동화 끈이 없으면 끈의 끝에 스카치테이프를 붙여 구멍을 통과하기 쉽게 만든다.

가게 놀이

야채 가게, 장난감 가게 등을 만들어 손님과 주인 놀이를 해보자. 다양한 이야기 줄거리를 만들면서 놀이를 해본다. '맛있다' '딱딱하다' 등의 형용사를 기억하는 데 도움이 된다.

바깥 구경

  풀을 뽑거나 벌레를 찾으면서 아기의 발걸음 속도에 맞춰 풀밭이나 둔덕을 함께 걷는다. 집에 없는 물체에 대해 알게 되고, '깨끗하다' '귀엽다' 등의 언어표현 방법을 알게 되어 주위 사람들과 소통할 수 있게 된다. 어느덧 넓은 시야 속에서 흥미를 끄는 물건을 선택해 집중하는 능력도 향상된다.

데굴데굴 애벌레

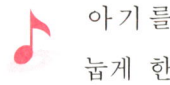 아기를 눕게 한 뒤 '데~굴 데굴'처럼 재미있는 말의 리듬에 맞춰 옆으로 굴려보자. 머리와 목을 축으로 몸을 회전시키는 동작은 자세를 유지하는 힘을 향상시킨다. 데굴데굴 또는 굼실굼실, 느릿느릿같이 언어 표현에 변화를 주며 놀이를 발전시킨다.

서랍 정리

세탁한 것들을 아기가 직접 정리해서 서랍에 넣게 해보자. 잘 따라 하면 '고마워요'라고 말하며 감사의 마음을 전한다.

양손으로 세탁물을 붙잡고 서랍 안에 차곡차곡 넣는 등, 손을 움직이는 일련의 동작은 손 기능 발달에 유용하다. '자신의 일은 스스로'라는 의식도 길러진다.

물감 놀이

색과 색이 섞이면 또 다른 색으로 변하는 모양을 보면서 즐기는 놀이다. 아기는 익숙한 물이라도 색이 더해져서 다르게 변하는 것에 주목한다. 쏟고 섞고 바꿔넣는 등 여러 가지 시도를 해보자. 이때 그 물을 마시지 않도록 주의를 주고 아기에게서 시선을 떼지 않도록 한다.

기차놀이

긴 끈이나 줄을 묶어 커다란 틀을 만든 다음 그 안으로 들어가 놀이를 한다. 차장과 손님으로 역할을 나누어 '출발'과 '표 검사'를 하며 놀이를 하자. 탈것을 소방차나 경찰차 등으로 바꾸어 다양한 대화를 하며 이미지를 넓혀간다.

진흙 놀이

물을 머금은 부드러운 진흙을 사용해 '진흙 경단'을 만들어 보자. 아기가 처음에는 그 촉감을 약간 불쾌해할 수 있지만 익숙해지면 금방 재미있어한다. 만지고 싶지 않은 감촉의 물건도 만져보면서 경험의 폭을 넓혀 간다. 손바닥과 손가락 끝의 미묘한 움직임도 향상된다.

애벌레 찾기

공원의 돌 밑을 들추어 애벌레를 찾아보는 놀이를 하자. 만지면 둥글게 몸을 말고 굴러가는 애벌레의 모습을 보고 흥미를 느낀다. 그밖에 여러 가지 꽃을 찾아보기도 하고 떨어진 누런 잎사귀 등을 모으며 자연을 즐긴다. 손가락 끝으로 물체를 가리키거나 직접 만지면서 손가락 놀림이 향상된다.

뚜벅뚜벅 계단 오르기

  엘리베이터나 에스컬레이터가 아닌 육교나 계단을 오르내리는 놀이를 해보자. 계단을 오르내리는 운동으로 균형감각과 다리의 근력이 길러진다. 아기에게는 육교 위에서 아래로 지나가는 자동차를 내려다보는 일도 즐거운 놀이다.

미끄럼틀 오르기

  미끄럼틀을 아래에서 위로 거슬러 올라가보자. 거슬러 올라가기 위해서는 힘이 필요하다. 아기는 난간을 꽉 붙잡은 채 팔로 체중을 지탱하며 발로 경사를 박차고 올라가야 한다. 이것은 전신 운동이다. 물론 위에서 내려오는 아이가 있으면 차례를 지켜 기다리는 규칙도 배울 수 있다.

주먹 쥐고 냠냠 놀이

① 주먹 쥐고 너구리

주먹을 번갈아
일곱 번 두드린다.

② 젖을 먹고

젖 먹는 시늉을 한다.

③ 자장자장

양손을 볼에 대고
잠자는 시늉을 한다.

④ 안았다가 어부바

아기를 안은 자세를 하다가
어부바 흉내를 낸다.

⑤ 구리구리

양손으로 주먹을 쥐고
돌리면서 구리구리한다.

⑥ 가위바위보!

마주보고 가위바위보를 한다.

♪ 연령에 상관없이 즐길 수 있는 놀이다. 서로 마주보고 앉아서 얼굴을 보며 놀이를 한다. 움켜쥔 주먹을 교대로 위로 올리며 손을 펴거나 쥐는 등의 다양한 손동작이 가능해진다. 몸의 일부인 '가슴'과 '자장자장' 같은 말을 재미있는 멜로디와 리듬을 섞어 일련의 동작으로 연결시킨다. 아기는 처음에는 잘 따라하지 못하지만 자세히 보면서 흉내내려고 노력한다.

성장이 느린 아기들을 위한 보조 놀이

말과 놀이의 개인 차가 상당히 커지는 시기다. 소꿉놀이가 가능한 아기가 있는가 하면, 좀처럼 말문이 터지지 않아 무엇인가를 비교하거나 재현하는 놀이가 힘든 아기도 있다.

연령이나 평균적인 성장에 집착해서 '우리 아기에게도 소꿉놀이를 가르쳐야 해'하며 서두르지는 말자. 우선 내 아이가 즐거워하는 놀이를 해보도록 하자.

자신만의 세계로 빠져드는 아기의 흥미를 끌 수 있는 장난감을 마련해 엄마가 먼저 혼자 놀아본다. 아기가 엄마가 가지고 노는 장난감에 흥미를 느끼게 되면 좀더 해달라고 요구하게 된다. 이때 엄마는 아기를 끌어들여 놀이를 시작한다.

비눗방울
엄마 혼자 동동 떠가는 비눗방울을 쫓아가거나 터뜨리며 놀이는 하다가 잠깐 불기를 멈춰본다. '왜 안 불어?'라는 표정으로 쳐다보면 그때가 말을 건넬 때다. '또 해줄까?' '우리 아기도 해볼래?'하며 같이 노는 계기를 만든다.

8. 2년 6개월 아기

'공포의 두 살'이 되다

두 살 된 아기를 영어로는 '테러블 투(공포의 두 살)'라고 부른다. 자신의 존재를 강렬하게 드러내려고 하지만 현실에서는 혼자서 할 수 없는 일이 너무 많고, 그런 현실이 싫은 아기는 신경질을 내며 자신을 돌보는 부모에게도 스트레스를 준다. 그 어떤 것에도 '싫어'라고 말하지만 부모는 '지금은 그런 시기다'라고 이해하며, 될 수 있으면 아기가 화를 내지 않도록 달래고 평화롭게 지내도록 노력해보자.

그러나 이 시기가 결코 힘들기만 한 것은 아니다. 무엇이든 스스로 하고 싶어 하는 과정 속에서 실패를 반복한 후 식사와 옷 갈아입기가 가능해지는 시기이기도 하다. 또한 혼자 오줌 누기(기저귀 졸업!)가 가능해지는 아기도 있다. 성장을 실감할 수 있는 시기다.

언어 구사에 개인차는 여전히 존재하지만 물건과 동작뿐 아니라 '크고, 작고' '길고, 짧고' 같은 추상적인 개념이 생기고 색의 구별이 가능해진다. 두 살 후반에는 '왜?' '어째서?'라며 질문 공세를 시작하는 아기도 있다. 일일이 대답하는 일이 귀찮기는 하지만 항상 정답을 말해주어야 한다는 생각으로 스트레스 받지 말고 대담하게 언어 유희를 즐겨보자.

질문 공세가 시작된다는 것은 '~때문에 ~하자'라는 설득이 가능해지는 징조이기도 하다. 아기가 세 살쯤 되면 이러한 공포의 폭풍은 차차 가라앉는다. 스스로 할 수 있는 일이 늘어나 아기가 화를 내는 상황이 줄어드는 것이다. 부모는 이러한 아기의 단계별 발달상황을 인지하여 가능한 한 자신의 감정을 억제하고 대처해야 한다.

• 공원의 놀이기구로 스스로 놀 수 있다

운동기능의 측면에서 보면 이 시기에는 '혼자 걷기' 이후 커다란 변화가 나타난다. 그네, 미끄럼틀, 정글짐 같은 공원의 놀이기구를 스스로 사용할 수 있게 된다.

이런 행위에는 손과 발에 근력이 붙어 계단과 언덕을 쉽사리 걸을 수 있는 능력뿐만 아니라 '몸 이미지'의 생성이라는 또 다른 기능의 발달이 전제되어야 한다. 아기는 자기 몸의 윤곽과 크기를 알아서 머리와 몸이 부딪히지 않도록 굽히거나 앉는 것, 손과 발의 힘 조절을 하면서 힘껏 붙잡고 거꾸로 매달리는 것, 흔들림과 가속도에 대해 자신의 몸이 어느 쪽으로 기울었는지 아는 것 등 매일 매일 놀이 속에서 그러한 감각들을 익혀온 것이다. 아기들은 대부분 세 살 즈음이 되면 다른 사람의 도움 없이도 놀이기구를 이용할 수 있다.

2년 6개월 아기 놀이

여기에 쏙!

목표를 향해 공을 던진다. 어른이 잡아주어도 좋고, 바구니나 구멍을 뚫은 상자에 집어넣는 일도 재미있다. '공을 잡고, 팔을 들고, 손을 뻗어, 보낸다'는 연결 동작이 이루어진다. 목표를 향해 힘을 조절하는 능력이 길러진다.

악수하며 안녕!

악수 놀이를 하자. 어른과 아이가 함께 하기도 하지만 인형이나 장난감으로 해보는 것도 재미있다. 눈과 눈을 마주보고 '안녕'이라고 말하는 행동이 서로의 느낌을 전해준다. 악수를 하면 시선을 통한 교감뿐 아니라 스킨십도 함께 이루어진다.

구슬 꿰기

커다란 구슬과 그것을 꿸 수 있는 끈을 준비해 자유롭게 꿰어보고 색깔별로도 꿰어본다. 그 밖에 다양한 방법으로 꿰어보는 놀이를 해보자. 좌우의 손이 각기 다른 동작을 하면서 동시 동작 능력이 길러진다. 엄지와 새끼손가락을 따로따로 움직이는 경험도 되고 연필과 젓가락의 사용 방법을 익히는 기본 동작도 된다.

씨름 놀이

밀거나 붙잡고 안아서 상대를 넘어뜨리거나 밀어내본다. 발목에 단단히 힘이 들어가며 팔의 힘 조절과 자세 만들기 경험을 통해 '몸 이미지'가 만들어진다. 동적인 스킨십 놀이는 역동적인 마음의 세계를 열어준다.

달리기 시합

바깥에 나갔을 때 전신주와 전신주 사이, 맨홀과 맨홀 사이를 출발과 골인 지점으로 정해 달리기 시합을 해보자. 걷기 싫다고 말할 때 해보면 의외로 효과적이다. 신호에 맞춰 달려 나가는 순발력과 골인 지점에서 멈추는 조절 능력을 향상시킨다.

한 발로 뛰기

한 발로 뛰는 동작은 의식적으로 하지 않으면 일상생활에서 좀처럼 하기 힘든 움직임이다. 땅 위에 동그라미를 그려놓고 해도 좋고 블록 모양에 맞춰 해도 신난다. 한 발로 서는 것은 쉽지 않지만, 점차 익숙해져 한 발로 나아가는 동작을 거듭하면 균형감각이 향상된다.

폴짝 점프하기

계단 아래쪽이나 발판 아래로 뛰어내려보자. 안전에 주의하면서 낮은 곳에서부터 시작한다. 도약판을 만들어 박차고 나가는 리듬으로 뛰어보자. 힘을 조절하고 자세를 잡으면서 몸 이미지가 만들어진다. 눈으로 거리와 높이를 재게 되어 두 눈으로 보는 능력을 키우는 데도 도움이 된다.

풀밭에서 곤충 찾기

메뚜기를 쫓아가거나 꽃 열매들을 채집하는 놀이를 해보자. 찾고 있는 동안 무엇을 찾고 있는지에 대한 기억력이 향상되고 '발견'이라는 기쁨을 맛본다. 아기는 자신이 원하는 대상을 함께 찾는 사람이 있다는 사실에 안심하여 그 사람을 신뢰하는 마음이 생겨난다.

수염 할아버지

경쾌한 노래와 리듬에 맞추다 보면 즐거운 소통이 가능해진다. 어른과 함께 동작을 만들며 놀이를 한다. 리듬을 느리게 하다가 빠르게 바꿔보는 것도 재미있다. 손이 가리키는 곳을 바꿔서 새로운 버전을 만들어본다. 할아버지 수염을 '쭈욱 ―' 길게 늘여도 보고 혹부리 할아버지의 혹을 '툭 ―' 하고 떼어내도 아기는 즐거워한다. 손바닥 펴기와 손목의 유연한 동작은 연필과 젓가락을 잡는 손 운동에 도움을 준다.

① 척 척 척 척 척
주먹을 교대로 마주친다.

② 할아버지 수염
①의 동작 뒤에 주먹을 겹쳐 턱 아래에 댄다.

③ 혹부리 할아버지
①의 동작 뒤에 주먹을 볼에 댄다.

④ 코끼리 아저씨
①의 동작 뒤에 주먹을 코에 댄다.

⑤ 안경이에요
①의 동작 뒤에 손으로 안경 모양을 만든다.

⑥ 손을 하늘로
①의 동작 뒤에 손을 위로 올린다.

⑦ 라라라라
손바닥을 흔들며 내린다.

⑧ 손을 무릎에
양손을 무릎에 놓는다.

⑨ 만세!
노래가 끝나면 만세를 합창한다.

장보기

아기에게는 이미 만들어진 음식을 보여주는 것뿐만 아니라 원재료를 보는 경험도 중요하다. 가게에 진열된 상품을 둘러보면서 다양한 대화를 해보자. 물건 이름을 알 수 있는 계기가 되며, 돈을 지불하고 물건을 사는 행위도 알게 된다.

과일 칵테일 만들기

요리를 돕는 일도 아기들에게는 즐거운 놀이다. 도와주지 않는 편이 더 빠를지 모르지만, 때로는 함께 요리 준비를 하는 것도 좋다. 바나나 껍질 벗기기, 완두콩 까기, 삶은 달걀 껍질 벗기기 등 위험하지 않은 일을 하게 한다. 아기는 같이 만든 요리가 훨씬 맛있다고 즐거워할 것이다.

끝말잇기 놀이

말할 수 있는 단어도 늘었고 말을 이용한 놀이도 가능해졌다. 단어를 하나의 음절로 나누는 '음절분석' 능력은 아직 없지만, 마지막 음절에서 시작하는 단어를 찾아내는 끝말잇기 규칙을 가르쳐 말로 놀이를 즐기게 할 수 있다.

악어 걸음

베란다나 마당에 어린이용 풀이나 큰 대야를 놓고 물놀이를 해보자. 물을 얕게 채우고 악어처럼 엎드리게 한다. 물의 부력 때문에 공기 중에서보다 자세를 유지하기가 훨씬 쉽다. 손바닥으로 바닥을 짚어 몸을 지탱하기도 하고 손발을 이용해 앞으로 나가면서 이동할 수도 있다.

성장이 느린 아기들을 위한 보조 놀이

공원에 나가도 놀이기구보다는 무조건 달리기만 하며 노는 아기들 중에는 천천히 움직이는 것을 싫어하는, 즉 '보행 안정'이 불안정한 아기가 있다.

느린 동작에는 평형감각과 손발을 서서히 움직이는 근육의 수축, 원근감을 판단하는 시각 등이 균형 있게 작용해야 하기 때문이다.

징검다리나 평균대, 난간처럼 신중한 보행이 필요한 곳에서 놀이를 해보자. 평형감각을 길러주는 그네와 미끄럼틀 타기, 손발의 수축을 경험할 수 있는 거꾸로 매달리기도 효과적인 놀이다.

아기가 싫어할 수 있는 동작을 도와주는 것이므로 손을 잡아주거나 몸을 지탱해주며 놀이를 해보자.

돼지 바비큐
철봉을 양손과 양발로 잡고 거꾸로 매달린다. 아기가 싫어하면 등을 붙잡아주면서 '돼지 바비큐'라고 외쳐주자. 그러면 재미있어하면서 철봉을 꼭 붙잡게 된다.

9. 어린아이 - 1단계

엄마라는 안전기지를 가슴에 품고 바깥 세상으로 나아간다

  기저귀를 차지 않는 아이가 늘면서 기본적인 의사소통이 언어로 가능해지며 자신과 부모, 할머니, 할아버지, 친구 등 자신을 중심으로 한 공동체를 점차 인식하는 시기다.

  이 즈음 새로운 '아이의 사회'가 만들어진다. 유치원 같은 집단생활이 그것이다. 유치원에서는 같은 학년이라고 해도 월별 나이로는 거의 1년 정도 차이가 날 수 있다. 언어 능력의 개인차도 여전하다. 유치원 입학 전에는 다른 아이에 비해 나이가 어리다고 걱정하는 부모들이 많지만, 다른 아이와 구별하지 말고 이 기간 동안 어떤 능력을 향상시킬 것인가에 관심을 두어 자신의 아이가 성장해나가는 궤적을 상세히 관찰하려는 노력이 중요하다.

  나날이 의젓해지는 아이들이지만 사실 이 시기에 '퇴행적 발달(아기로 돌아가기)'을 하는 아이도 있다. 동생이 태어나는 일이 계기가 되기도 하지만 그것과는 상관없이 '엄마, 이거 해줘!' 하고 어리광을 부린다.

아이가 뒤도 돌아보지 않고 유치원으로 달려가는 행동에 엄마가 허전함을 느끼듯이 아이도 엄마의 도움 없이 스스로 할 수 있다는 생각에 허전함을 느낄 수도 있다. 그럴 때는 다 큰 세 살짜리 '아기'라고 생각하고 갓난아기 대하듯 놀아주어도 좋다. 아이의 마음속에는 무슨 일이 있을 때마다 도망쳐 숨을 수 있는 엄마라는 피난처가 항상 자리하고 있다.

· **가위와 젓가락을 사용할 수 있다**

이 시기에는 균형 잡기가 필요한 커다란 동작이 가능해진다. 계단을 두세 개 뛰어내리거나 한 발로 뛰기, 어떤 아이들은 구르기와 점프도 가능하다. 세발자전거를 스스로 탈 수도 있다.

그러나 눈에 드러나는 이러한 성장보다도 손과 손가락의 움직임이 몰라보게 향상된다. 그 대표적인 예가 가위를 사용하게 된다는 것이다.

가위를 쥐고 종이를 잡는 동시 동작은 대뇌의 오른쪽과 왼쪽 사이에 연락망이 완성되어야 가능해지는 동작이다. 식사할 때 젓가락을 사용하고 싶어하는 아이도 생긴다. 언제든지 포크와 숟가락을 대신할 수 있도록 젓가락을 준비해두자.

어린아이-1단계 놀이

싹뚝싹뚝 가위질

처음에는 한 번에 자를 수 있게 세로 3~4센티미터 정도의 종이로 시작해본다. 익숙해지면 선을 따라 자르거나 광고지에서 좋아하는 그림과 사진을 오려내는 놀이로 발전시킨다. 한 손으로 종이를 잡고 다른 한 손으로 가위를 조작하는 양손의 동시 동작이 이루어지면 물건을 주의 깊게 보는 관찰력도 향상된다.

주의: 가위는 아이의 손 크기에 맞추고 앞부분이 둥근 것을 선택한다. 잘 잘리는 가위인지 먼저 확인한다.

붙이기 놀이

색종이 자른 것과 광고지에서 오려낸 사진에 풀을 발라 백지에 붙이는 놀이다. 구석구석 풀을 바를 때 세세한 손동작과 손목의 움직임이 향상된다. 완성된 작품을 보고 즐길 수 있게 되면 가면 만들기 같은 간단한 창작도 가능하다.

싹이 났어요!

둘이서 마주 보고 하는 놀이다. 노래에 맞춰 자신의 손과 상대방 손을 교대로 겹치면서 리듬에 맞춰 손 놀이를 하다가 마지막에는 가위바위보를 한다. 자신과 상대의 손을 교대로 접촉하는 것으로 상대방을 보다 더 잘 인식하게 된다. 특히 '싹이 나와~' 부분에서 아이는 손 동작을 확실히 의식하게 된다. 가위바위보의 승패와 규칙도 알게 되고 '이기고 싶다!'는 욕구 때문에 자꾸만 반복해서 놀이를 하고 싶어 한다. 익숙해지면 속도를 빠르게 해서 동작을 빨리 할 수 있도록 유도한다.

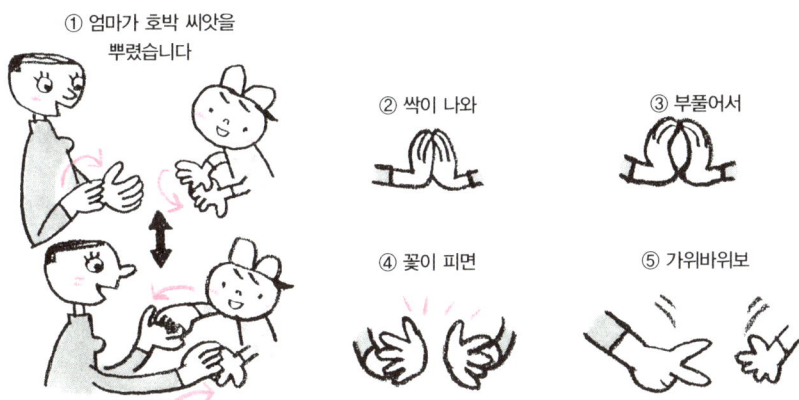

꼬마 요리사

쿠키 모양 만들기, 크로켓과 햄버거 모양 만들기 등을 함께 해본다. '몇 개 만들기'처럼 숫자 놀이도 곁들이면 더 좋다. '맛있다' '벌써 다 만들었어'라고 칭찬을 해주면 아이는 또다시 해보고 싶어 하며 역할 의식도 갖는다.

공을 받아요

원래는 팀을 짜 영역을 지키면서 하는 놀이지만, 이 경우는 공을 주고받다가 공을 떨어뜨리면 지는 것으로 규칙을 정한다. 상대에게 공을 던지고 받는 동작에서 섬세한 팔과 손가락의 힘 조절 능력이 향상된다.

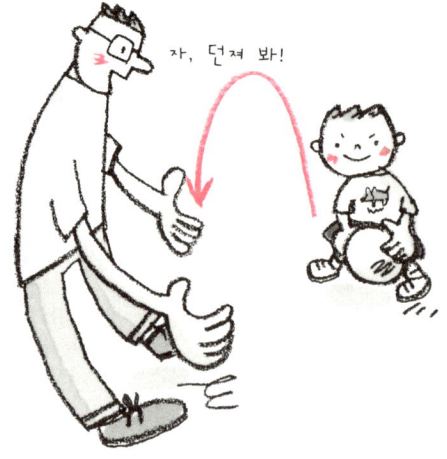

공을 차요

목표를 향해 공을 차는 놀이다. 방 안에서 할 때는 딱딱하지 않은 공으로 빈 상자나 상자에 구멍을 뚫어 골대를 정하고 공을 찬다. 여러 번의 시행착오를 거치면서 목표 지점으로 공이 향하도록 힘을 조절하는 능력이 길러진다.

미끄럼 언덕

경사진 잔디밭이나 둑에서 두꺼운 박스를 엉덩이에 깔고 앉아 미끄럼을 타는 놀이다. 옆으로 넘어지지 않도록 균형을 잡고 발로 브레이크를 밟으며 미끄러지는 속도 놀이다. 뒹굴거나 머리를 아래쪽으로 향하게 하는 등 다양하게 도전해본다.

저쪽을 보세요!

가위바위보를 해서 이긴 쪽이 '저쪽을 보세요!'라고 하며 상하좌우 중 한 방향을 손가락으로 가리킨다. 상대방이 손가락 방향과 같은 곳을 보면 지는 놀이다. 움직임에 따라가지 않도록 하면서 상대와의 협상을 즐기는 놀이다. 점차 속도를 빨리 하면 어린아이들은 대단히 즐거워한다.

손가락 쪽을 보면 진다.

가위바위보

가위바위보를 해서 이기면 만세를 부르고 지면 머리를 숙인다. 무승부일 때는 손을 허리에 댄다. 가위바위보의 승패를 순간적으로 판단하고 자세를 취하는 순발력과 판단력을 동시에 기르는 놀이다.

가위바위보의 승패보다는 그 이후에 취하는 동작이 맞았는지를 즐기는 놀이다.

무승부면 허리에 양손을 대고

④ 다시 쎄쎄쎄로 시작한다.

성장이 느린 아기들을 위한 보조 놀이

발음이 정확하지 않거나 말을 더듬거리는 아이의 유치원 입학은 부모들을 불안하게 한다. 놀림을 당하지는 않을까, 그래서 아이가 비뚤어지지는 않을까 하는 불안감으로 아이의 부모는 안절부절못한다. 하지만 이 시기의 아이는 어른들보다 들리는 음에 대한 이해의 폭이 훨씬 넓기 때문에 상당히 불확실한 발음이라도 유치원 생활에서는 그리 큰 문제가 되지 않는다.

부모는 일상생활 속에서 아이의 말을 방해하지 말고 되풀이하지도 말며 아이가 하는 말에 항상 대답을 해줘야 한다. 대신 가글가글 소리를 내며 입가심을 하고 꼭꼭 씹어서 밥을 먹는 습관은 혀와 입술을 사용하는 방법을 익히는 수단이 되므로 세심하게 지도하도록 한다. 단어 놀이와 끝말잇기 놀이, 노래 부르기는 자연스럽게 발음을 훈련할 수 있는 놀이다.

흉내내기 게임
아이의 말을 정확한 발음으로 반복해준다. 그러나 아기가 지루해할 만큼 반복하지 않도록 주의한다. 아이가 흉내를 내기 시작하면 개구리 '개굴개굴'처럼 약간 어려운 말을 재미있는 동작과 함께 해준다.

칼럼
단체놀이에서 향상되는 것은?

아이가 어린이집이나 유치원에 들어가면 여러 친구들과 함께 '단체 놀이'를 하게 된다. 그동안 아이는 엄마, 아빠와 또는 공원에서 아이들과 더불어 술래잡기나 소꿉놀이를 했던 경험이 있다. 그러나 같은 반 또래 아이들과 함께 놀이를 해본 적은 없다. 단체 놀이에는 여러 가지 능력이 필요하다.

먼저 규칙을 이해해야만 한다. 그리고 그 규칙을 지켜야만 한다. 술래가 싫지만, 가위바위보에서 지면 술래가 되어야 한다. 친구들끼리 이야기를 하며 작전을 짜고 그것을 전달하지 않으면 재미가 없다. 게다가 게임의 승패 속에서 '이번에는 저 친구에게 이겨야지!'라며 지지 않으려고 하는 의욕이 생겨난다. 또한 이기기 위해서는 앞으로만 나아가지 않고 뒤로 물러설 줄도 알아야 한다는 사실을 깨닫기도 한다.

단체 놀이를 통해 인내력, 이해력, 이기려는 의욕, 거래 등을 경험하면서 아이는 앞으로 살아가는 데 필요한 '사회성'을 기른다. 처음에는 규칙을 지키는 일이 좋아서 하는 것이 아니라 굴욕이라고 생각할 수도 있다. 그러나 규칙을 지킴으로써 새로운 놀이를 많이 경험할 수 있으며 여럿이 함께 할 수 있는 놀이가 대단히 많고 즐겁다는 사실을 알게 된다.

　지금은 여러 가지 의미에서 어린아이들에게도 '개성'이 존중되지만 개성과 이기심은 별개의 것이다. 어른과 친구들과의 관계 속에서 자기중심적으로 행동해도 문제가 없다고 생각한 아이들에게 단체 놀이는 소통하기에 가장 적합한 놀이다.

　사람은 결코 혼자서는 살 수 없다. 자신만을 위해 사는 것도 불행이다. 가족, 친구들과 더불어 생활하며 같이 시간을 즐기고 다른 사람에게 도움이 되는 것을 기쁘게 생각하는 존재가 인간이다. 아이들에게 다가올 학교 생활과 앞으로 경험하게 될 사회 속에서 다른 사람을 위하고 양보하며 무엇인가를 이룰 수 있을 때 훌륭한 사람이 될 수 있다는 것을 교육해야 한다.

　사회성을 기르는 일은 어떤 유형에 맞추어 살아가라는 강요가 아니다. 인간은 협동심과 사회성을 갖추고 살아가면서 나름대로의 '개성'을 발휘해 꽃을 피우는 존재다.

10. 어린아이 - 2단계

사회성이 길러지면서 정신이 한층 더 성숙해진다

아이들은 단체 생활과 친구들과의 놀이를 통해 자신의 욕구를 억제하고 주위의 의견에 맞추는 것을 배우기 시작한다. 물론 자기주장이 강한 아이가 있는 반면 자기를 내세우지 않는 아이도 있다. 부모는 아이가 이래서는 단체 생활에 적응할 수 없을 거라 생각하기 쉽지만 이것은 너무 앞지른 생각이다. 아이들은 이런저런 만남과 체험 속에서 나아가고 뒤로 물러서기도 하면서 자기 나름대로 성장한다.

부모가 보지 않는 곳에서 체험하는 일도 많아진다. 기억력도 향상되기 때문에 유치원에서 있었던 일을 이야기하기도 한다. 그러나 이런 경우, 부모의 끈질긴 질문 공세는 자칫 부담이 될 수도 있기 때문에 아이가 스스로 말할 때만 귀를 기울여주고 아이가 느낀 기분을 함께 느끼면 그것으로 충분하다.

친구들과 놀이를 하는 도중 다툼도 생길 수 있다. 규칙에 따라 하는 놀이가 가능해지는 한편, 때로는 규칙을 따르지 않거나 누가 올바른지 따지면서 싸움이 벌어질 가능성도 많다. 하지만 어른은 마지막에 나서야 한다. 어른들이 생각하는 '올바른 생각'과는 다르게 아이들끼리 합의해서 문제를 해결하는 것은 귀중한 사회 공부가 된다. 나이 차이가 나는 어린아이와 놀이를 할 때는 그 아

이를 위해 특별한 규칙을 정해주는 재량도 발휘하는 게 우리 아이들이다.

• 뇌기능이 거의 완성되고 있다

체형은 날씬해지고 머리 비율이 작아지며 어른의 모습과 상당히 비슷하게 되어간다. 뇌도 태어났을 때보다 3.5배 정도 커지고, 기본적인 뇌기능이 완성되며, 감정을 뇌에 전달하고 뇌에서 명령을 내리는 전기 신호체계가 빨라져 어른이 가진 능력에 근접하는 시기다.

체형과 뇌기능이 어른처럼 되고, 빠른 동작과 복잡한 균형을 요구하는 운동도 가능해지며, 손가락의 움직임도 더욱 섬세해진다. 공원에 있는 놀이기구를 다루는 방법도 다양해진다. 미끄럼틀을 거꾸로 타거나 정글짐에 다리를 걸어 거꾸로 매달리며, 서서 그네를 타면서 보고 있는 부모를 불안하게 만드는 놀이도 한다. 어른은 아이가 크게 다치지 않도록 조마조마하게 지켜보면서도 아이의 독창적인 놀이를 존중해야만 하는 어려운 입장에 처한다.

어린아이-2단계 놀이

카드 놀이

트럼프를 통해 조마조마한 경험을 해보거나 그림 놀이나 주사위 놀이를 한다. 그림 놀이는 글자를 읽지 못해도 그림만으로 알아볼 수 있으므로 하기 쉽다. 카드를 집거나 가리키는 동작은 손가락 기능을 향상시킨다. 표시를 기억하는 지능이 향상되면서 놀이의 규칙을 이해하는 능력이 길러지고 사회성이 향상된다.

색깔별 형태별로 모으기

'파란색을 골라보자' '긴 것들을 찾아보자'라고 말하며, 색과 모양이 비슷한 것들을 모아보는 놀이다. 색과 형태를 인식하는 능력이 길러지고 크기와 길이를 비교하면서 판단하는 능력도 향상된다. 주변에 있는 다양한 색과 형태를 인지하는 계기가 되어 시야가 넓어진다.

공기 놀이

쌀과 팥, 구슬 등을 넣은 헝겊 주머니를 이용해서 하는 놀이다. 노래에 맞춰 구슬을 공중으로 던지고 잡는 놀이도 있지만 지금 시기에는 바닥에 구슬을 놓고 하나를 위로 던지고 그것이 바닥에 떨어지기 전에 또 다른 것을 집는다. 그 숫자를 하나에서 둘로, 둘에서 셋으로 점차 늘려간다.

- -

구슬치기

색색의 구슬은 보는 것만으로도 즐겁다. 색깔별로 모으고 개수별로 모으는 여러 가지 놀이가 가능하다. 옆의 그림이 기본적인 놀이 형태지만 다양한 규칙을 만들어서 놀이를 할 수 있다. 작은 구슬을 향해 손가락을 조준하는 동작만으로도 손가락의 기능이 향상된다.

검은 구슬 사이를 조준하여 손가락으로 구슬을 튕긴다. 성공하면 검은 구슬을 딴다.

팽이 놀이

'영차' 소리와 함께 두 개 이상의 팽이를 돌려 부딪히게 하며 즐기는 놀이다. 빨리 멈추는 쪽이 진다. 쓰러지지 않게 하기 위해서는 처음부터 세게 돌리는 것이 중요하다. 손가락 끝에 힘을 주고 힘차게 돌리는 동작은 평소에 잘 하지 않는 특별한 행동으로, 이러한 동작은 손가락을 정교하게 움직이는 데 도움을 준다.

손가락으로 잡고 회전시킨다.

돌고 있는 팽이끼리 쳐서 상대쪽을 쓰러뜨리면 이긴다.

나막신 놀이

과일 통조림 통처럼 약간 큰 통에 끈을 달아 그 위에 발을 올려놓고 걷는 놀이다. 익숙해지면 선을 밟지 않고 걷기나 장애물 넘기도 할 수 있다. 통 위에서 떨어지지 않고 걷는 동작은 균형감각을 길러준다.

빈 깡통 양쪽에 구멍을 뚫어 줄을 매단다.

줄넘기

긴 줄을 좌우로 흔들면서 그 위를 뛰어 넘는 놀이다. 흔드는 세기를 달리하기도 하는데 익숙해지면 줄을 360도 회전시켜 그 안을 뛰어본다. 몇 번 뛰었는지 숫자를 세어보는 것도 좋다. 줄을 흔드는 리듬에 맞춰 동적으로 움직이면 순간 판단력과 순발력이 길러진다.

어른이 두 명 있으면 줄을 양쪽에서 잡고 한 명 있을 때는 한쪽을 나무에 매거나 기둥에 매고 놀이를 진행한다.

다리씨름

서로 마주보고 앉아 한 쪽 다리를 오므리고 팔로 지탱하며 다른 한쪽 다리로 상대를 넘어뜨리는 놀이다. 넘어지려고 할 때 손 대신 엉덩이만으로 균형을 잡는다. 상체가 기울어져도 스스로 자세를 바로잡는 능력을 기를 수 있다. 좁은 공간에서도 할 수 있는 놀이로, 비오는 날 바깥에 나가 놀기 곤란할 때 해보자.

풍선배구

풍선은 위험하지 않은 놀이기구라서 집안에서도 가지고 놀 수 있다. 붕―붕― 공중으로 날아오르는 속도에 맞춰 놀이를 해보자. 가구로 네트를 만들고 '스파이크'와 '리시브'라고 소리를 지르며 분위기를 띄운다. 먼저 바닥에 떨어뜨리는 쪽이 진다는 규칙을 정해 놀이를 한다.

연속 뛰기와 두 발 뛰기

이 놀이도 의식적으로 하지 않으면 일상에서는 좀처럼 하지 않는 동작으로 구성되어 있다. 발의 리듬을 가르쳐주면 금방 가능한 놀이로 '하나, 둘' 하고 소리를 내며 음악에 맞춰 해보면 재미있다. 상체가 안정됨과 동시에 리듬에 맞춰 움직이기 때문에 리듬감이 향상된다.

성장이 느린 아기들을 위한 보조 놀이

가위로 그림이나 종이를 오리는 것처럼 손가락을 이용하는 놀이를 싫어하는 아이들도 있다. 일상생활에서도 컵을 자주 쓰러뜨리거나 옷 갈아입기가 잘 되지 않아 시간이 걸리는 아이들도 있다.

이러한 아이들은 자기 몸의 크기와 윤곽을 상상하는 능력이 부족하고 근육긴장(근육을 수축시키는 힘 조절) 능력이 떨어지기 때문에 동작이 서투른 것이다.

섬세한 동작이 요구되는 놀이보다는 좀더 커다란 동작이 필요한 놀이(블록 쌓기, 커다란 종이에 색연필로 그림 그리기, 그네 · 미끄럼틀 · 정글짐 등 놀이기구를 이용한 놀이)를 많이 하는 게 좋다. 그 연장선상에서 종이 오리기처럼 섬세한 동작들이 발전하게 된다.

도미노 게임
카세트테이프나 CD케이스로도 할 수 있고 도미노용 블록을 사용할 수도 있다. 엄마, 아빠도 같이 세워보자. 마지막에 쓰러뜨리는 것은 아이가 한다. 협력하며 세우는 재미가 있다.

11. 어린아이 - 3단계

복잡한 감정이 생기는 아동기의 시작

아이가 친구와의 다툼을 스스로 해결하고 규칙에 따라 행동하면서 부모의 역할은 점차 줄어든다. 배려하는 마음도 생기기 시작한다. 반면 자신과 친구를 비교하며 열등감을 느끼기도 하고, 질투심도 느끼는 등 복잡한 감정의 변화가 일어난다.

초등학교 입학을 앞둔 부모들은 아이에게 '이 정도는 해야지!'라는 기대감을 갖지만 아이가 자신감을 가질 수 있도록 아이의 능력을 믿어주는 게 더욱 중요하다. 이 시기의 아이는 다른 사람의 '기대'를 원한다. 집안일을 도와달라고 하거나 집안일을 같이 하면서 '네가 큰 도움이 됐어!'라고 말해주는 게 좋다. 걸레를 짜고, 쌀을 씻고, 빨래를 너는 것 같은 집안일에는 손가락을 이용한 움직임이 많다. 부모가 아이에게 위와 같은 놀이를 시키면 연필로 글씨를 익숙하게 쓸 수 있는 손가락 기능이 활성화된다.

'누구처럼 미끄럼틀 거꾸로 오르기는 못해도 누구처럼 글씨는 잘 쓸 수 없어도 나는 엄마에게 꼭 필요하고 소중한 존재다'라고 생각하는 아이는 자신이 이 사회에 꼭 필요한 존재라는 사실을 인식하게 된다.

- **대부분의 일상생활이 혼자 힘으로 가능하다**

기본적인 운동기능은 이 시기에 거의 완성된다. 아침에 일어나서 저녁에 자기 전까지 자신의 일은 스스로 할 수 있게 된다. 옷을 갈아입을 때 단추 채우기도 가능해지고 혼자 화장실에 가는 일도 가능해진다. 성장이 빠른 아이는 '간니'가 나기 시작한다.

운동회에서는 골인 지점을 향해 달리고, 높은 곳에 있는 바스켓에 공을 넣기도 하며, 여러 사람과 함께 율동을 하는 것도 가능하다. 공 넣기에는 거리감과 던질 때의 힘 조절이 필요하고, 율동에는 동작의 순서를 기억하고 리듬에 맞춰 몸을 움직이는 섬세한 제어는 물론, 다른 아이들과 동작을 일치시키는 능력도 필요하다.

겨우 6년 만에 이렇게 성장하다니 놀라운 일이다. 그렇지만 이런 동작들이 아직 잘 안되는 아이도 있다. 그리고 모든 아이들에게는 잘하는 것과 못하는 것이 있다. 그럴 때는 '왜 너만 안되니?'라고 타박하기보다 '아직 내 힘이 필요한 부분이 있구나'라고 생각하면서 아직 부모가 해야 할 일이 남아 있다는 것에 기뻐하자.

어린아이 - 3단계 놀이

탐험 놀이

공원과 숲에서 찾아낸 '수수께끼'를 도감에서 찾아보는 놀이다. 자연의 작은 움직임에도 관심을 갖고 귀를 기울이는 능력이 길러진다. 수수께끼를 공유하면서 의문에 즉시 대답해주는 것뿐만 아니라 '함께 찾아보자!'라고 권유하는 태도도 매우 중요하다.

단어 놀이

한 글자가 틀리면 의미가 완전히 달라져 웃음을 주는 놀이다. 단어 놀이 그림책이나 약간 긴 이야기를 낭독하면서 즐겨본다. 문자 습득의 전 단계로 한 글자가 하나의 음을 표현하며, 글자는 '음의 연결'이라는 점을 이해하게 될 것이다.

공작 놀이

다양한 크기의 빈 상자와 우유팩, 공작용 나무조각을 이용해서 입체적인 물체를 만들어본다. 풀, 셀로판테이프, 가위를 사용해 '손 동작'을 총동원하는 놀이다. 만들어진 작품의 아름다움이 중요한 게 아니라 '만드는 과정의 연습과 상상'이 중요하다.

실뜨기, 종이 접기

비오는 날 조용히 시간을 보내기에 안성맞춤인 놀이다. 손가락 끝의 섬세한 동시 동작이 필요한 놀이로, 아이는 실의 형태와 종이의 각도, 접는 부분을 주의 깊게 보면서 관찰력을 기른다. 만들어진 모양을 상상하며 만들다 보면 집중력과 지속력이 길러진다.

말 타기

기둥과 나무를 붙잡고 말 타기 자세를 한 다음 아이를 등에 태우고 일부러 흔들어도 본다. 높이와 거리를 재고 발 구르는 위치를 생각하며 뛰어오르는 놀이다. 균형을 잡는 능력이 향상되고 뜀틀 연습도 된다.

알까기

장기의 규칙을 조금씩 가르치면서 처음에는 알까기 같은 간단한 놀이를 즐긴다. 장기판과 알을 꺼내거나 다시 넣어두면서 정리하는 습관도 기른다. 작전을 세워 알을 따는 방법을 생각하면 지능 발달에 도움이 된다.

트럼프

'순서 정렬'과 '늘어 놓기' 같은 규칙 있는 게임을 할 수 있다. 순서를 기다리고 승패에 따라 화를 내지 않으면서 놀이를 계속하는 것으로 사회성을 기른다. 게임을 이기기 위해 작전을 궁리하는 과정에서 지능 발달이 촉진된다.

줄넘기

'큰 파도 작은 파도'와 '커다랗게 원을 그리며 뛰어넘기' 같은 놀이를 통해 드디어 스스로 줄을 넘는 줄넘기에 도전해본다. 리듬에 맞춰 뛰어넘기나 지칠 때까지 뛰어넘기를 통해 도약력과 지구력이 길러진다.

목수 놀이

톱과 망치, 못을 이용한 목수 놀이도 재미있다. 쓱싹쓱싹 자르거나 딱딱 두들기는 소리가 즐거운 놀이다. 다치지 않도록 바닥을 잘 고정시킨 뒤에 힘을 고르게 주는 방법을 가르친다. 무엇을 만들까보다는 도구를 사용하는 방법을 익히는 데 목적이 있다.

자전거 타기

자전거 보조바퀴를 제거하고 두 발이 바닥에 닿도록 안장을 내린다. 두 발로 지면을 박차고 달리다가 속도에 맞춰 발을 들어올려도 균형을 잡을 수 있을 만큼 연습한다. 그후 페달에 발을 올려놓고 달리는 연습을 해야 자연스럽게 자전거를 탈 수 있다.

성장이 느린 아이들을 위한 보조 놀이

단체 놀이를 할 수 있는 나이가 되었지만 함께 놀이를 하지 않는 데는 아이 나름대로의 이유가 있다.

'오늘은 축제에 쓸 끈을 만들어보자. 도구상자에서 가위와 접은 종이를 가져오렴! 그리고 제자리에 앉을래?' 말이 늦은 아이에게 이처럼 한꺼번에 많은 요구를 쏟아놓으면 그 말뜻을 이해하고 행동에 옮기기가 어려워진다.

요구는 한 번에 하나씩 한다. 아이의 눈을 보고 직접 말하면 자신이 해야 할 일을 알아듣고 행동할 수 있다. 유치원과 어린이집 선생님에게도 부탁해보자.

보물찾기 놀이
엄마가 찾아달라는 물건을 찾는다. 게임이 익숙해지면 '동물원에서 산 코끼리 인형!'처럼 조금 어려운 문제를 낸다. 하나 둘 숫자를 세며 놀이를 한다.

| 추천사 |

아이들은 놀이의 천재

이시카와 유키오

 아이들에게는 생활 자체가 '놀이'다. 작은 아기가 어른 얼굴을 흉내내고 혀를 날름 내미는 것도 커뮤니케이션 놀이다. 기저귀를 갈아줄 때 엉덩이를 문질러주는 것도 스킨십 놀이다. 형제끼리 간식을 나눌 때 크기를 비교하는 일도 즐거운 놀이다.
 아이들을 '놀이의 천재'라고 표현하는데, 이는 아무런 도구가 없어도 재미있게 잘 놀 수 있기 때문이다. 부모가 옆에서 따뜻한 시선으로 지켜보면서 때때로 동감해주거나 칭찬해주면 아이들은 안도감을 느끼며 놀이에 집중한다. 물론 어른 또는 친구들과 어울려 하는 놀이도 재미있어한다.
 만지고 만져주는 것, 몸을 움직여주는 것, 단어 조작 등이 가미된 놀이처럼 상대가 있어야만 비로소 가능한 놀이는 얼마든지 많으며 굉장히 즐겁다.
 놀이의 대상은 상대방이거나 물건(장난감)이다. 그러나 물건보다는 사람과의 관계 속에서 길러지는 능력이 더 중요하다. 젖과 우유를 주듯이, 기저귀를 갈아주고 목욕을 시키듯이, 아플 때 병원에 가듯이 놀이는 인간의 성장에 필수불가결한 행위다. 이 책은 그런 점을 다시 확인해보는 계기를 마련해준다.

'놀이로 길러지는 힘'에 대한 해설은 아이가 놀이하는 것을 지켜보거나 함께 놀이를 할 때 도움을 주는 기준이 된다.

부모들이 놀이 속에서 드러나는 아기의 귀여운 행동에 기뻐하고 나날이 진지해지는 눈길에 감탄하면서 늘 행복한 마음으로 지내기를 바란다.

이시카와 유키오 ('놀이 모임' 주최 사회복지사)는 유치원 교사로 교육계에 입문했다. 모리다네키 소아과의원 사회복지사, 바오바부 유치원 교사를 거쳐 자립 육아의 기초가 된 '하라주쿠 해님모임' '고마자와 해님모임'을 개설했다. 그후 '놀이 모임'을 개설해 현재에 이르고 있다. 이 책에서는 주로 야외 놀이에 대해 조언을 해주었다.

| 추천사 |

아이는 놀이를 통해 성장한다

기무라 준

　이제 막 네 살이 된 아들이 식탁을 행주로 닦는다. 하지만 음식물로 더러워진 식탁에 행주질을 하자 오히려 얼룩이 번져 더 더럽게 된다. 결국 부모는 아이가 행주질을 그만 하게 한다. 어느 가정에서나 흔히 일어나는 일이다. 그리고 부모는 아이에게 어떠한 '도움'을 기대하기보다는 참견하는 것이 '성가시다'고 혼을 내는 경우가 많다. 아이는 그저 놀이를 하고 있을 뿐인데, 그것을 깨닫지 못하는 것이다. 아이의 나이가 어릴수록 놀이에 가까운 행위들을 많이 한다.
　부모가 이러한 사실을 인식하고, 아이를 얼마든지 놀게 내버려두면 된다. 그것만으로도 아이는 스스로 '지혜' '말' '전신의 운동기능' '친구와 관계 형성하기' 등을 터득한다.
　실제로 그것은 놀이치료라는 분야에 활용되고 있다. 나의 전공은 발달 장애를 겪는 장애아들을 대상으로 한 놀이치료다. 성장이 더디거나 편중된 아이의 치료에는 '놀이 행위＝치료 활동'이라는 등식이 도입된 지 오래다.

장애가 있는 아이는 놀이가 재미있어 단순히 놀이를 하게 되지만 결과적으로는 성장이 촉진된다. 그러한 관점에서 보면 이 책에는 상당히 흥미로운 내용이 포함되어 있다.

이 책은 영재 교육을 위한 교육서가 아니다. 그렇다고 해서 단순히 놀이를 나열한 놀이책도 아니다. 모르고 지나쳐버릴 수도 있는 아이들의 놀이를 분석하고 새롭게 제안하면서 놀이를 통해 성장해가는 아이에게 감동하는 부모가 되기를 촉구하는 책이다. 때로는 우리 아이의 '성장을 촉진시켜보자!'는 노력도 게을리 하지 않기를 바란다. 이 책에는 특히 그러한 성장을 돕는 놀이에 대한 조언들이 듬뿍 담겨 있다.

기무라 준(작업요법사)은 일본 복지대학 사회복지학부를 졸업하고, 1985년 놀이치료사의 자격을 취득했다. '우메다·아케보노 학원'에서 놀이치료사로 근무했고, 2004년 4월부터는 발달 장애가 있는 아이들과 교사, 그 가족을 위해 치료실 '드림타임'을 운영하고 있다.
이 책에서 ♣ 표시의 자세 만들기 놀이와 '성장이 느린 아이들을 위한 보조 놀이'에 관해 조언을 해주었다.